Horst-Dieter Nölter

# Liebesbeziehungen im Wechselbad der Gefühle

Horst-Dieter Nölter

# Liebesbeziehungen im Wechselbad der Gefühle

## Beziehungen eines Mannes mit unterschiedlichen Frauentypen

Goldene Rakete Verlag für Belletristik

**Impressum / Imprint**
Bibliografische Information der Deutschen Nationalbibliothek: Die Deutsche Nationalbibliothek verzeichnet diese Publikation in der Deutschen Nationalbibliografie; detaillierte bibliografische Daten sind im Internet über http://dnb.d-nb.de abrufbar.


Bibliographic information published by the Deutsche Nationalbibliothek: The Deutsche Nationalbibliothek lists this publication in the Deutsche Nationalbibliografie; detailed bibliographic data are available in the Internet at http://dnb.d-nb.de.


Coverbild / Cover image: www.ingimage.com

Verlag / Publisher:
Goldene Rakete Verlag für Belletristik
ist ein Imprint der / is a trademark of
OmniScriptum GmbH & Co. KG
Heinrich-Böcking-Str. 6-8, 66121 Saarbrücken, Deutschland / Germany
Email: info@goldenerakete.de

Herstellung: siehe letzte Seite /
Printed at: see last page
**ISBN: 978-3-639-80010-4**

Vorwort

Eine Beziehungsgeschichte mit Ecken, Kanten, Liebe, Kummer und Leid beginnend in den siebzieger Jahren, in der damaligen DDR. Motivation für dieses Buch waren Gespräche mit unterschiedlichen Personen. Gesamt gesehen stellt dieses Buch keine wahre Begebenheit dar.

Diese Geschichte empfähle ich besonders jungen Paaren, um Fehler, wie hier beschrieben, zu vermeiden. Das Aussehen eines Menschen ist zwar ein entscheidender Faktor aber, für eine feste Verbindung, alleine ein großes Risiko. Wie hier auch beschrieben, muss jeder die Liebe von seinem Partner spüren und mit ihm ausleben können.

# Liebesbeziehungen im Wechselbad der Gefühle

An einem Sonnabend fand ich, beim Spazierengehen durch unsere schöne Stadt, etwas Entspannung. Ledig, Beruf und Studium hinter mich gebracht, schwebten meine Gedanken in weiteren Herausforderungen, die das Leben bietet. Eine neue Beziehung zog ich dabei auch in Betracht. Die Frauen vergangener Tage waren nur kurzzeitige Intermezzos. Um bei einer kommenden Beziehung nicht mit ähnlichem Verlauf rechnen zu müssen, sollte eine andere Strategie ins Auge gefasst werden. Eigentlich fast unmöglich. Auf jeden Fall, stellte ich mir vor, ist der erste Eindruck vorentscheidend. Wenn schon Aussehen und das gesprochene Wort nicht gefallen, ist der Anfang als Ende zu betrachten. Meistens kommen alle Vorsätze aber nicht zum Zuge. Ein Kennenlernen ist von vielen Faktoren abhängig. So könnten zum Beispiel auch Schicksalsschläge oder ein Wiedersehen aus Kindheitstagen, dafür eine Voraussetzung sein. Ich hielt, mit diesen Gedankenspielen, etwas inne und gestand mir, es kommt sowieso wie es kommt.

Abends ging ich mit einem Freund in ein Tanzlokal unserer Stadt. Nach dem wir einen Platz ausgewählt hatten, bestellten wir uns je ein Glas Bier. Die Kapelle war noch in der Einstimmungsphase und der Saal erst wenig gefüllt. Gesprächsstoff gab es genug und so unterhielten wir uns über Gott und die Welt. Erst als die Musik erklang merkten wir, dass der Saal voll besetzt war. Ein mutiges Paar traute sich auf die Tanzfläche. Nach ca. einer halben Stunde nahmen auch viele andere Leute die Tanzfläche in Besitz. Da ich gerne das Tanzbein schwinge, forderte ich eine alleinsitzende Dame auf. Ein flotter Rock ` Roll brachte uns schnell in Stimmung und ein etwas langsamer, folgender Foxtrott auch ins Gespräch. Sie erzählte von der mäßigen Männerauswahl im Saal und meinte, ich sei die einzige Ausnahme. Da ich sie jetzt besser betrachten konnte, weiß ich auch, warum sie alleine auf ihrem Stuhl sitzen blieb. Als Lehrerin, wie ich noch erfuhr, war sie nur für den Tanz gut. Ich geleitete sie mit Dank zu ihrem Platz. In den Musikpausen war eine Unterhaltung mit dem Freund wieder möglich. Wir bestellten neues Bier und sahen, beim nächsten Tanz, den Paaren zu. Eine junge Frau schaute, etwas auffällig, von der Tanzfläche zu unserem Tisch. Ich dachte vielleicht eine Bekannte des Freundes. Doch die kommende Damenwahl, bescherte mir gleich zwei zusteuernde Damen. Sowohl die Lehrerin als auch die von der

Tanzfläche Schauende. Ich wählte die neue Dame und die Lehrerin, um nicht aufzufallen, den Freund. Wieder ging es lebhaft weiter. Ein Twist sorgte für das Purzeln der Pfunde. Beim langsamen Walzer erfuhr ich von der neuen Tanzpartnerin, sie sei eine Schwesterpraktikantin bei meiner Mutter auf deren Station. Sie hätte mich schon mehrere Male dort gesehen. Ich fand sie ganz nett und habe am laufenden Abend noch einige Tänze mit ihr absolviert. Auf Verabredungen mit ihr habe ich verzichtet. Einmal wusste ich, wo sie erreichbar wäre und zweitens könnte ich unter Kontrolle meiner Mutter stehen. Es war ein schöner Abend und kurz vor dem Ende der Veranstaltung suchten wir unser Zuhause auf.

Das kommende Wochenende hatte eine Überraschung für mich bereit. Ich kam gerade von meinem nach Mittag Spaziergang zurück, erblickte ich am vorbereiteten Kaffeetisch die Schwesternpraktikantin. Meine Mutter stellte sie mir als Christa vor und meinte: „Ihr habt euch ja schon kennengelernt.“ Ich begrüßte Christa und nahm ebenfalls Platz. Eine kurze Gesprächspause beendete mein Vater mit lustigen Begebenheiten. Gedanklich glaubte ich an einen Verkupplungsversuch. Christa merkte meine Zurückhaltung und fragte mich direkt ob mir ihre Gegenwart unangenehm wäre. Ich verneinte und ergänzte, mich zu freuen sowie, mit dieser Überraschung, nicht gerechnet zu haben. Etwas später verabschiedete sie sich und ich brachte sie nach Hause. Als gutaussehende, freundliche junge Frau konnte ich mir eine nähere Beziehung mit ihr vorstellen. Auf eine von mir angebotene neue Verabredung reagierte sie mit einem flüchtigen Kuss auf meiner Wange. Nach zwei weiteren Treffen mit Ihr, störte mich ihre exorbitante Ausrichtung. Ihr Bestreben, sich möglichst täglich zu treffen, schmeichelte mir zwar aber das würde meine Freiheit total einschränken. Ich mochte sie schon, doch der richtige Funke ist nicht übergesprungen. Wir haben uns bald aus den Augen verloren. Meine Mutter war über diese Entwicklung nicht erbaut. Sie fand das einfach schade.

Um der täglichen Fahrt zur Arbeitsstelle von Wismar nach Schwerin zu entgehen, bekam ich eine 2 Zimmer Wohnung von meinem Betrieb. Hier war ich als Architekt tätig und habe neben der Projektierungsleistung am Zeichnungsbrett, auch, auf Grund mehrerer ausgelagerter Baustellen, mit Dienstreisen, meistens mit dem Zug, zu tun gehabt. Eine Reise von Schwerin nach Berlin konnte ich diesmal in einem leeren Abteil vorfinden. In Wittenberge stieg eine junge Frau zu und nahm mir gegenüber am Fenster Platz. Ich musste mich ermahnen, nicht das hübsche und attraktive Gesicht länger anzustarren. Etwas verlegen schaute ich aus dem Fenster, konnte es aber nicht verhindern, in gewissen Abständen einen

Seitenblick zu riskieren. Sie strahlte genau das aus, wonach ich nicht gewagt hätte zu suchen. Als auch ihre Blicke mich einige Male trafen, fasste ich allen Mut zusammen und sprach sie an. Banale Frage:"Fahren sie auch nach Berlin?" Sie sagte:"Ja" und erwähnte noch, ihre Schwester zu besuchen. Ihre freundliche und angenehme Stimme ermutigte mich, auch etwas von mir zu erzählen. Nach meiner kurzen Vorstellung, als junger Architekt, unter anderem auch auf Baustellen tätig zu sein, erfuhr ich auch ihren Berufszweig. Sie erzählte als Gütekontrolleurin, in einem metallverarbeitenden Betrieb, ihrer Arbeit nachzugehen. Wir näherten uns Berlin und die wenige Zeit, die noch verblieb, musste mit einer entscheidenden Frage ausgefüllt werden. „Könnten wir uns mal zu einem anderen Zeitpunkt wiedersehen"? Sie lächelte mich an und schien nicht abgeneigt zu sein. Es kam ein ja und wir tauschten unsere Telefonnummern(Betrieb) aus. Auch unsere Namen Harry ... und Marie ... nannten wir noch schnell.

Nach einer guten Woche fand unser Date in Schwerin statt. Ich holte sie vom Bahnhof ab und teilte ihr mit, mich sehr über ihr Kommen zu freuen. Wir unternahmen erst einen kleinen Spaziergang durch die Stadt um anschließend, in einer gemütlichen Gaststätte, ein Plätzchen zu finden. Die anregende Unterhaltung bremste sie auf einmal mit einem merkwürdigen Satz ab. „Echte Liebe gibt es nicht!" Ich war ehrlich gesagt schockiert, ohne das mir anmerken zu lassen. In dieser Phase der Annäherung für mich nicht vorstellbar. Es folgte Schweigen und in meinem Kopf arbeitete es. Vieleicht hat sie bisher mit Bekanntschaften schlechte Erfahrungen gemacht oder der erste Blick muss nicht gleich Verliebtheit auslösen. Ich tröstete mich damit, dass Liebe ja sich auch erst entwickeln müsste. Somit fand ich wieder zum Gespräch zurück und die Unterhaltung lief freundlich weiter. In der Gaststätte angekommen, bestellten wir die Spezialität nach der Speisekarte und ließen uns vorab Getränke zukommen. Wir stießen an und stellten uns mit kompletten Namen vor. Marie, wie ich erfuhr, schien auf einmal wie verwandelt. Sie schaute mir liebevoll in die Augen und bemerkte, mich zu testen, wie lange ich das aushielte. Ich nahm ihre Hände in die Meinen und hätte sehr lange diese Haltung ausüben können. Das Essen kam und die alte Sitzordnung wurde wieder eingenommen. Nach der Stärkung haben wir über unsere Familien geplaudert und erfuhren nebenbei auch unseren Altersunterschied. Sie war 23- und ich zählte 27 Jahre. So hat sich das Bild des Kennenlernens erweitert. Es zeigte mir auch, dass gegenseitiges Interesse, für eine Zweisamkeit, gegeben ist. Die nächste Planung für ein Wiedersehen wurde getroffen. Da Marie noch bei den Eltern wohnte, bot sie an, mich auch denen vorstellen zu wollen. Jetzt hatte ich das Gefühl, doch im Beziehungshafen gelandet zu sein. Nach der Verabschiedung am Bahnhof küssten wir uns das erste Mal. Ich war überglücklich und über beide Ohren verliebt.

Wieder in meiner kleinen 2 Zimmerwohnung gelandet schaute ich Sport vom Wochenende und anschließend die Nachrichten. Meine Konzentration auf diese Dinge ließ aber viel zu wünschen übrig. Meine Gedanken waren überwiegend noch bei den Tagesereignissen mit Marie.

Meine Eltern, in Wismar wohnend, wollte ich vorerst nicht über mein neues Glück informieren. Die weitere Entwicklung abzuwarten, hielt ich für angemessen. Das resultiert auch aus Erfahrungswerten mit anderen Frauen bei meinen Eltern.

Bis zum nächsten Wochenende ging ich der Arbeit in meinem Projektierungsbetrieb nach. Die Vorfreude ließ nicht lange auf sich warten und bald brachte mich der Zug nach Wittenberge. Dort angekommen war, weit und breit, nichts von meiner neuen Liebe zu sehen. Schon auf dem Bahnhofvorplatz gelandet, hielt plötzlich jemand meine Augen von hinten zu. Wer sollte das schon sein, es war wie erhofft Marie. Sie strahlte mich an und ein Kuss ließ nicht lange auf sich warten. Glücklich wollte ich sie an die Hand fassen, doch das war nicht in ihrem Sinne. Sie hakte sich bei mir ein und führte mich des Weges. Wir spazierten am Rande der Stadt, der Elbe entlang. Es war ein wunderschöner, sonniger Tag und ein Plätzchen im

Gras lud zu einer kleinen Pause ein. Ein anderes Pärchen ging, eng umschlungen und in Abständen küssend, an uns vorbei. Marie meinte: „Das sind die Richtigen, so übertrieben sich zu verhalten, lässt eine baldige Trennung vermuten." Ich konnte ihr nicht widersprechen und glaubte, ihre teilweise Zurückhaltung, besser zu verstehen. Wir richteten uns auf und lenkten unseren Weg in Richtung Stadt. Sie schien meine Gedanken zu lesen, denn das Ziel war nicht die Wohnung ihrer Eltern, sondern die schönste Gaststätte der Kleinstadt. Sie ergänzte noch, die Vorstellung bei ihren Eltern, auf einen späteren Zeitpunkt, zu verschieben. Ich sah hier Parallelen zu meiner Auffassung. Nachdem wir In der Gaststätte Platz genommen und die Bestellung ausgelöst hatten, sprachen wir über weitere mögliche Zukunftspläne. Ich bot ihr an, später zu mir zu ziehen und eine neue Arbeitsstelle für sie ausfindig zu machen. Schwerin hätte diesbezüglich auch viel mehr zu bieten. Erst nach einer kleinen Denkpause fand sie zur Sprache zurück. „Ist das nicht alles übereilt"? Ich verwies auf später und erklärte nur Perspektiven aufzeigen zu wollen. Damit war ihr der Druck genommen und das Einverständnis folgte. Sie fand zum Lachen zurück, scherzte über meinen Oberlippenbart und meinte Hüte zu tragen, stände mir nicht. Folgsam wie ich war, habe ich später beides gemieden. Nach Speise und Trank war das nächste Wiedersehen in Planung. Das kommende Wochenende hätte sie eine Betriebsfeier und das folgende wäre mit der Geburtstagsfeier ihrer Mutter ausgebucht. Also hielten wir das darauffolgende Wochenende in Schwerin fest. Es hat auch etwas Gutes, nämlich ein kleiner Test für die Treue.

Irgendwie passte diese Situation ins Bild. Mein Betrieb schickte mich für zwei Wochen, zu einem Lehrgang, nach Leipzig. Neue Bausysteme sollten Anregungen für meine Arbeit eröffnen. Abends war die Gaststätte unseres Hotels mit Kollegen aus vielen Teilen der DDR gefüllt. An vierer Tischen haben meistens sich kennende Kollegen platziert. Ich, noch als junger Architekt, musste mit unbekannten Mitstreitern zusammensitzen. Eine Kollegin aus Neubrandenburg saß mir gegenüber. Die beiden Herren, links und rechts neben mir, eröffneten das Gespräch. Ich will hier nicht näher auf die fachlichen Aussagen eingehen, sondern wieder zum eigentlichen Thema zurückfinden. Da wäre gleich die Kollegin aus Neubrandenburg zu nennen. Sie fragte mich ob ich zu einem gemeinsamen Spaziergang zu bewegen wäre. Nur immer in der Gaststätte rumzuhängen, ist für sie keine Option. Frische Luft, dachte ich, täte mir auch gut und so willigte ich ein. Außerdem schätzte ich es unverfänglich ein, zumal die Kollegin im Alter meiner Mutter sein könnte. Während wir über einige allgemeine Dinge die Unterhaltung führten, lenkte sie das Gespräch auf ihr persönliches Leben. Sie sei geschieden und mit ihrer Verfassung ziemlich am Boden. Ihre Kinder sind mit ihren Familien selber ausgelastet und hätten kaum Zeit für sie. Sie fühle sich alleine und hätte kaum noch Lust für das Schöne am Leben. Ich fragte mich, warum erzählt sie mir, einem völlig Fremden, ihre depressive Einstellung. Bald wurde mir klar, worauf sie hinaus wollte. Sie fragte mich nach dem Alter und meinte so ein junger Mann könnte mich noch auf andere Gedanken bringen. Sie bot mir, bei einer guten Flasche Wein, einen Abend in ihrem Zimmer, an. Auf ihre Frage, was meinen sie dazu, konnte, ich nur abwehrend reagieren. Um sie nicht gänzlich zu enttäuschen, schlug ich einen Kinobesuch oder eine andere Gaststätte vor. Wie meinerseits erhofft, schlug sie den Vorschlag aus und so trennten wir uns. Am nächsten Abend suchte sie an einem anderen Tisch unseres Hotels, ein neues Opfer aus.

Der Lehrgang ging ohne nennenswerte Situationen zu Ende. Die gewonnenen fachlichen Erkenntnisse habe ich meinen Kollegen in Schwerin vorgestellt. Meine Gedanken richteten sich wieder stärker auf Marie. Das kommende Wochenende wurde mit Vorfreude erwartet. Als es soweit war, holte ich sie vom Bahnhof ab. Wir fielen uns nicht gleich in die Arme aber zu einem Küsschen reichte es. Sie hakte sich bei mir ein und fragte;“ Was machen wir heute“? Ich sagte: „ zusammenbleiben“ und gab ihr einen Kuss. Ergänzte aber, einen Ausflug nach Zippendorf, mit anschließender Bootsfahrt auf dem Schweriner See, unternehmen zu wollen. „Wenn Du möchtest kann ich Dir auch noch später meine Wohnung zeigen.“ Sie fand meine Vorstellung gut und so nahmen wir meinen Plan in Angriff. Auf dem Oberdeck des Schiffes haben wir ein schönes Plätzchen einnehmen können. Ich bestellte zwei Erfrischungsgetränke und unsere Gespräche ließen wechselseitig die letzten Wochen Revue passieren. Die Geschichte mit der älteren Kollegin quittierte sie mit einem, für mich, neuen Gesichtsausdruck. Dieser war aber nur kurz, denn die schöne Aussicht auf den See und seine Umgebung, machten auf uns einen befriedeten Eindruck. Nach einer Stunde war die Seereise beendet. Wieder eingehakt suchten wir in Zippendorf ein Lokal auf. Eine draußen angebrachte Speisekarte bot ein reichhaltiges Menü an. Wir fanden einen Platz und überzeugten uns anschließend von dem guten Essen. Nach unserer Stärkung hatten wir einen längeren Weg, zu meiner Wohnung, in Kauf zu nehmen. Doch nur die Lauffreudigkeit Maries war mir nicht bekannt. Ich merkte ihre Unentschlossenheit und kümmerte mich um einen Bus, der uns in die Stadt brachte. Von der ankommenden Station war es nur noch ein kurzer Weg bis zu meiner Wohnung. Marie war ziemlich still und dachte wohl, worauf sie sich wohl einließe. Aber weit gefehlt. Nach einer kurzen Besichtigung kannte ich Marie nicht wieder. Sie schmiegte sich an mich und deutete eine Liebesaktion an.

Es war erst später Nachmittag und ich glaubte ihre Eile diente der rechtzeitigen Rückreise. Auch hier lag ich falsch, denn sie war bereit bei mir zu übernachten. Ihre Eltern waren informiert. Wir liebten uns und der beginnende Abend war schnell erreicht. Ein vernünftiges Abendessen brachte ich noch zustande. Mein kleiner Balkon und die warme Luft, luden zum Plätzchen nach draußen ein. Bei einer guten Flasche Wein ließen wir die Nacht hereinbrechen. Mein breites Bett reichte für uns Beide. Die anfänglichen Unpässlichkeiten waren für mich vergessen. Diese Harmonie mit ihr war überzeugend.

Da nur die Wochenenden für unsere Zweisamkeit zur Verfügung standen, fand auch bei Marie jetzt ein Umdenken statt. Meine schon mal geäußerten Vorstellungen sollten sich nun bestätigen. Es wurde langsam Zeit, das Elternnest und auch die Fahrerei hinter sich zu lassen. Marie war entschlossen, diesen neuen Weg, einzuschlagen. Mit meiner Hilfe konnte sie rechnen. Ich informierte mich über Betriebe ihrer Branche und konnte ihr mehrere benennen. So hatte sie Anlaufpunkte für ihre Bewerbungen. Innerhalb meines Betriebes informierte ich mich gleichzeitig für eine größere Wohnung. Mein Baubetrieb erstellt auch Wohnblöcke für seine Angehörigen. Nach einigen Wochen hatte Marie ein Vorstellungsgespräch. Sie wurde angenommen und in ähnlichem

Berufsbild integriert. Archivierung und Gütekontrolle an Bauteilen waren ihr nicht fremd. Diese plötzliche Wendung hatte auch Auswirkungen auf meine kleine Wohnung. Für ein Doppelbett musste meins weichen. Einen zweiten Kleiderschrank mit Anrichte und Kleinkram stellte Marie bei. Da ohnehin eine größere Wohnung in Planung war, sollte dieses Sammelsurium erst mal reichen.

Während des Umzuges habe ich Marie in Wittenberge geholfen. Ihren Eltern wurde ich zuvor vorgestellt und war angenehm überrascht über die Herzlichkeit, die mir entgegengebracht wurde. Wir haben noch mit Ihnen über unsere Zukunftspläne gesprochen, bevor der Möbelwagen mit uns die Heimreise antrat. Das kommende Wochenende war für meine Eltern in Wismar vorgesehen. Nach dem Einrichten aller neuen Möbel und Gegenstände kamen wir um Kompromisse nicht herum. Ein Kleiderschrank musste im Wohnzimmer platziert werden. Etwas überfüllt aber mit dem Umzug abgeschlossen, haben wir die Einweihung mit einer Flasche Sekt gefeiert. Da wir uns jetzt täglich sahen, wurde das Kennenlernen auf eine neue Stufe gestellt. Kleine Meinungsverschiedenheiten wurden souverän gemeistert. Mit einem Kuss war der Frieden wieder hergestellt. Der Besuch bei meinen Eltern war etwas förmlicher. Mittagstisch und Kaffeetafel waren vorbereitet. Ich sah meinen Eltern die

Verwunderung an. Meine hübsche Marie hat Eindruck hinterlassen. Auch hier sprachen wir über unsere gemeinsame Zukunft und schnitten noch allgemeine Tagesthemen an. Nach dem Kaffeetisch haben wir uns verabschiedet und die Rückreise angetreten.

Marie ist in ihrem Betrieb gut bei den neuen Kollegen aufgenommen worden. Bei der übermächtigen Männerwelt auch kein Wunder, dachte ich. Die Arbeit gefiel ihr und so war die Ausgeglichenheit gegeben.

Einige Wochen sind vergangen bis Marie mir mitteilte, dass sie schwanger sei. Eigentlich kein Problem, es kam nur unerwartet. Ich nahm sie in die Arme und sagte; ich freue mich. Im Betrieb übte ich jetzt, auf Grund der neuen Situation, Druck auf die Bereitstellung einer größeren Wohnung aus. Auch Heiratsgedanken kamen mir in den Kopf. Ich überlegte, wie ich Marie überraschen könnte. Einen Ring von ihr nahm ich als Maß und begab mich anschließend in ein Juweliergeschäft. Zwei Goldringe ließ ich abfertigen. Nach Erhalt derselben wartete ich auf den Abend. Als wir beide auf der Couch saßen, nahm ich ihre Hände, schaute in ihre Augen und fragte, ob sie meine Frau sein möchte. Sie sagte nichts, ging aufs Klo und schloss sich ein. Ich verstand nichts mehr, sah keinen Grund für diese Aktion. War mein Antrag zu billig? Nach ca. einer Viertelstunde kam sie verheult zurück, entschuldigte sich und viel mir mit dem Wort „ja“  um den Hals. Wer soll die Frauen verstehen. Ich nahm die Ringe aus der Schatulle und streifte den Ring auf ihren Ringfinger der linken Hand. Gleiches vollzog ich bei mir. Die Verlobung war soeben erfolgt. Darauf tranken wir ein Gläschen Sekt. Ich war noch emotional aufgeladen und dachte den Abend gebührender ausklingen zu lassen. Marie hatte sich wieder gefangen, glaubte ich mindestens. Die Flasche Sekt sollte, nach so einem Ereignis, geleert werden. Marie hatte dieses Bedürfnis nicht. Auch meine Ermunterung führte zu keinem Erfolg. Sie meinte, diesen Tag erlebnisseitig noch nicht  verarbeitet zu haben und bat mich um Nachsicht. Sie ließ mich alleine und begab sich ins Schlafzimmer. Ein wenig Frust begleitete mich. Um mich abzureagieren begab ich mich nach draußen und machte einen Spaziergang. Meine Gedanken blieben vorerst für eine Erklärung ergebnislos. Ich liebte  meine Marie über alles, aber ihre Launen machten mir Angst sie zu verlieren. Wieder versuchte ich  nachzudenken, warum diese Situation entstehen konnte. Dann viel es mir wie Schuppen vor die Augen, sie ist ja schwanger. Da ist Alkohol tabu. Was bin ich nur für ein Trottel. Gemeint die Lösung gefunden zu haben, begab ich mich nach Hause. Noch vor dem Schlafen gehen, nahm ich mir vor, mich morgens zu entschuldigen.

Marie kam gutgelaunt und ausgeschlafen an den Küchentisch, gab mir einen flüchtigen Kuss und setzte sich. Trotzdem entschuldigte ich mich für meine Unaufmerksamkeit. Mit Marie wieder im Einklang, unternahmen wir für das kommende Wochenende eine Busreise an die Ostsee. Relaxen, baden, sonnen sowie die Seele baumeln lassen, waren an diesem Tag unser Motto. Wir cremten uns mit Sonnenschutz ein, wobei der Rücken jeweils wechselseitig durch uns bearbeitet wurde. Als Erfrischung konnte ich Eis erstehen. Wir waren glücklich und zufrieden an diesem herrlichen Sommertag.

Um in Zukunft mehr Unternehmungen ins Auge fassen zu können versuchte ich, neben der langfristig laufenden Bestellung eines Autos, einen Gebrauchtwagen zu beschaffen. Mit einem in die Jahre gekommenen Trabant hatte ich Glück. Optisch und technisch machte er noch einen guten Eindruck. Viel Plaste und überschaubare Technik, waren auch für die Unterhaltung beherrschbar. Nach den Formalitäten, einschließlich Vertrag, waren wir jetzt Besitzer eines Autos. Für unsere Unabhängigkeit haben wir einen guten Schritt nach vorne gemacht.

Um Marie noch mit schlankem Körper in die Ehe zu führen, bedarf es eines Termins beim Standesamt. Der 30. August wurde hier in Abstimmung mit Marie festgehalten. Die Vorbereitungen, wie Einladungen verschicken, Brautkleid aussuchen, ein vernünftiges Lokal finden und vieles andere mehr, wurden getroffen. Die vielen, notwendigen Aktivitäten ließen die Zeit schnell vergehen und der Tag der Tage rückte immer näher. Schließlich war es soweit. Die Hochzeitsglocken waren in Bereitschaft. Polterabend, Trauung und anschließende Hochzeitsfeier war für alle ein Erlebnis. Viel Spaß und Freude wurde ausgestrahlt. Beide Elternteile haben sich finanziell beteiligt. Alles war bestens organisiert und zufrieden haben Marie und ich rechtzeitig unser Heim aufgesucht. Die vielen Geschenke wurden nachgereicht. Voraussichtlich hatten wir einen zwei wöchigen Hochzeitsurlaub (Flitterwochen) gebucht. Es führte zu einem schönen Ferienobjekt an die Ostsee. Mit unserer neuen Errungenschaft, dem Trabant, haben wir das Ziel erreicht und die uns zur Verfügung stehende Zeit gut genutzt. Bis auf ein paar kleine Launen von Marie, war es gesamt gesehen ein erholsamer und schöner Aufenthalt.

Der Alltag hat uns wieder erreicht. Unsere Wohnung mit all den Geschenken noch auf dem Tisch stehend, machte einen überfüllten Eindruck. Was wir gebrauchen konnten, wurde ausgepackt und verstaut. Einige Dinge reservierten wir in der Kammer des Dachbodens. Wir gingen beide wieder unserer Arbeit nach. Nachdem einige Wochen vergangen sind konnte ich Marie, mit einer freudigen Mitteilung, überraschen. Uns wurde von meinem Betrieb eine 4 Zimmerwohnung zugewiesen. Für den Umzug standen uns noch drei Wochen zur Verfügung. Wir sahen uns vorher die Wohnung an. Noch waren einige Restarbeiten des Baubetriebes zu erledigen. Die Aufteilung der Räume, sowie mit Bad, Gäste WC und ein Balkon, machten auf uns einen guten Eindruck. Um die Malerarbeiten mussten wir uns selbst kümmern. Wir suchten uns die Tapeten aus und beauftragten einen Malerbetrieb mit der Ausführung. Nach Bereitstellung aller Dinge für den Umzug, wurde auch eine Firma für den Transport engagiert. Nach Erledigung aller anfallenden Arbeiten in der neuen Wohnung nahmen wir erschöpft aber glücklich auf unserer Couch Platz.

Inzwischen hat sich der Herbst angekündigt und unser Nachwuchs lässt sich an Maris Figur nicht mehr leugnen. Das Einrichten des Kinderzimmers ist nun unser Hauptaugenmerk. Von den Tapeten über Möbel, Wiege und anderes, ist alles in Vorbereitung.

Auch für Wohn-und Schlafzimmer werden nach und nach Einrichtungsvorstellungen verwirklicht. Ein etwas kleineres viertes Zimmer wird vorrübergehend als Arbeit- bzw. Gästezimmer genutzt. Die Zeit rennt und Weihnachten steht vor der Tür. Ebenso die Geburt unseres Kindes. Ein kleiner, geschmückter Tannenbaum brachte weihnachtliche Stimmung in die Wohnung. Marie inzwischen hochschwanger hoffte, das freudige Ereignis noch ins nächste Jahr, zu verschieben. Heiligabend verbrachten wir alleine und ließen den mit einer Flasche Malzbier ausklingen. Erster und zweiter Weihnachtstag besuchten wir die Eltern. Der Jahreswechsel begann besinnlich, immer mit den Gedanken an die unmittelbar bevorstehende Geburt unseres Kindes. Die Zeit war dran und am 4. Januar, früh morgens, platzte die Fruchtblase. Marie weckte mich und so schnell es ging fuhr ich sie in die Klinik. Im Laufe des Tages erfuhr ich über mein Betriebstelefon von der erfolgreichen Geburt unserer Tochter. Erst nach drei Tagen erlaubte man mir, meine kleine Sophie zu sehen. Durch eine Fensterscheibe sehend betrachtete ich den neuen Sonnenschein in den Armen einer Schwester. Einen Tag später war unsere gewachsene Familie zu Hause.

Marie nutzte jetzt das Babyjahr und war für diese Zeit vom Betrieb freigestellt. Die folgenden unruhigen Nächte hatten auch für mich Auswirkungen. Einige Tage waren dabei, wo ich unausgeschlafen der Arbeit nachging.. Das sind natürlich normale Abläufe, die die meisten Menschen durchleben. Meine Kollegen freuten sich mit mir, besonders für Kaffee, Kuchen und anschließenden Sekt. Zu Hause drehte sich alles um das Kind. Hausbesuche der Eltern, Geschwister, Freundinnen und Freunde wechselten im Kommen und

Gehen. Meine Liebe zu Marie erwiderte sie zurückhaltend. Ich ließ ihr Zeit, denn ich dachte, die gegenwärtige Situation hat sie sicherlich sehr gefordert. Doch auch nach Monaten fand sie meine Annäherung unpassend. Nicht was manch einer denkt, schon ein harmloser Kuss, wurde mit abdrehendem Kopf abgewiesen. Ich war mir keiner Schuld bewusst und auch der Meinung, alles für meine Familie zu tun. In Folge war mit keiner Änderung ihres Verhaltens zu rechnen. Hierzu passt ein kleiner Spruch von mir:

**Hörtest du noch ihren Atem und spürtest ihre Haut, dann wärst du ihr noch nah, wie zu Zeiten als Braut.**

Ich begann mit einem Kollegen, ein gleichzeitiger Freund, ab und zu, in einer Kneipe, meinen Frust mit Bier zu bändigen. Das war allerding ein Fehler. Marie quittierte das mit noch größerem Abstand zu mir. Was kann ich nur für eine Normalisierung tun, fragte ich mich. Alle möglichen, anfallenden Arbeiten, die ich ohnehin ausführte, begann ich noch zu intensivieren. Fragte sie nach ihren Wünschen, tat einfach alles, um sie zufrieden zu stellen. Wieder im Glauben einigermaßen im Einklang zu sein, kam dann dieser niederschmetternde Satz von ihr: „ Vielleicht kommt ja noch mal der Richtige, man weiß das ja nie!“ Meine Beherrschung hatte ich im Griff. Ich fragte nur, warum hast du nicht nein gesagt, wie etwa später nach Roland Kaisers Lied. Danach vergrub ich mich ins Arbeitszimmer und versuchte das Gesagte zu verarbeiten. Mir viel wieder ihre Äußerung beim Kennenlernen ein. „ Echte Liebe gibt es nicht." Ist hier ein Zusammenhang zu sehen? Wollte sie nur jemanden zum Kinderzeugen? Wie kann man auf einen „Richtigen" hoffen, wenn es keine echte Liebe gibt? Auch ihr Verhalten beim Sex sehe ich jetzt in einem anderen Licht. Ich konnte bei ihr nie eine Erfüllung erkennen. Ist es vielleicht ein anatomisches Problem oder bin ich nur der falsche Partner? Außerdem teilte sie mir vor Wochen noch mit, auf Sex verzichten zu können. Wörtlich, ich brauche das nicht.

Ein weiterer Spruch liegt mir auf den Lippen:

**Meine Frau, ein Exemplar,**
**das nie mit mir glücklich war.**
**Von Anfang an sagte sie nur,**
**echte Liebe gibt es nur in der Literatur.**
**Dann nach mehreren Ehejahren,**
**sollte ich noch mehr erfahren.**
**Ihr Gedanke, dass etwa noch mal der Richtige käme,**
**brachte mir nun echte Probleme.**
**Von da an war meine Liebe gestört.**
**Heute man sich nur noch auf dem Papier gehört.**

Jetzt mit dem Gefühl zu leben, nicht geliebt zu werden, brachte mein Leben auf andere Bahnen. Einer gut aussehenden Kollegin, die schon länger ein Auge auf mich warf, verschloss ich mich nicht mehr. Sollte Marie mich verlassen, damit war jetzt zu rechnen, würde mir die Trennung vielleicht nicht so schwer fallen. Carmen, so heißt meine Kollegin, merkte wohl schnell meine neue Einstellung. Schon nach Feierabend, an der Haltestelle, stieg sie erst in meinem Bus zu, obwohl zuvor zwei andere sie ans Ziel gebracht hätten.

Maries Cousine lud uns zu ihrer Hochzeitsfeier ein. Eine große Gesellschaft, geschätzte achtzig Leute, fanden in dem geräumigen Haus Platz. Marie hielt es wohl nicht lange bei mir aus und begab sich an einen anderen Tisch. Ich unterhielt mich mit den um mich sitzenden Gästen und bemerkte erst später wie Marie sich mit einem sehr gut aussehenden jungen Mann angeregt unterhielt. Sie sahen aus wie Vertraute, die sich schon lange kennen. Ich merkte langsam eifersüchtige Züge an mir. War aber wohl unbegründet, denn nach kurzer Zeit kam sie zu mir zurück und meinte: „Ich habe dem jungen Mann eine Absage erteilt.“ Er wurde zu aufdringlich (ich glaubte eher zutraulich) und nach meiner Mitteilung, verheiratet zu sein, ließ er mich in Ruhe.“ Die hätten ein gutes Paar abgegeben dachte ich, aber ohne „echte Liebe“ konnte sie wohl von ihm lassen. Vielleicht war das meine Chance,

Konkurrenz nicht fürchten zu müssen. Schon beschäftigte mich das schlechte Gewissen mit Carmen. Nur bis jetzt ist ja noch gar nichts passiert Ich versuchte meine Gedanken zu ordnen, doch verfiel wieder in Gefühlsduseleien. Ich resümierte; es ist doch viel schlimmer Gefühle als Liebender nicht ausleben zu können, als eine Nichtliebende, die auf Liebesverhalten verzichten kann. Ich ließ die Zeit auf mich zukommen und wartete ab, ob ich Recht behielt.

Wenn Marie mich geliebt hätte, wenigstens ein wenig, würde ich ihr alles von den Lippen ablesen, ein guter Ehemann sein und keinen Gedanken an eine andere Frau verschwenden.

Unsere Sophie war inzwischen ein halbes Jahr alt und krabbelte fleißig auf dem Fußboden herum. Der Wonneproppen war eigentlich das Licht in unserer Wohnung und lenkte, im positiven Sinne, von den Eheproblemen ab. Von der Arbeit kommend, war die erste Begrüßung bei Sophie, erst dann erfolgte ein Hallo an Marie. Dieses Spannungsfeld zwischen uns dauerte noch so lange, bis Marie wieder ihre Arbeit aufnehmen musste. Sophie kam in eine Kinderkrippe, wo ich sie täglich hinbrachte. Marie schien jetzt ausgeglichener und auch mitteilungsfreudiger zu sein. Eine gewisse Wandlung war nicht zu übersehen. Ich passte mich der neuen Situation an und eine Besserung unserer Partnerschaft bahnte sich an. Die Beziehung mit Carmen viel, außer einem Weinabend in einem

Lokal und einigen Küsschen in letzter Zeit, nicht schwer auf mein Gemüt. Ich hatte nur noch einmal spüren wollen, wie es sich anfühlt von jemanden geliebt zu werden. Alle Aktivitäten gingen von Carmen aus. Hätte ich alles zugelassen, wäre eine Scheidung von Marie begründet. Ich führte mit Carmen ein Gespräch und beendete diese Beziehung. Sie tat mir zwar leid aber mein Verhalten und auch das Wissen worauf sie sich hier einließ, musste sie, trotz ihren Tränen, verkraften. Sie fand bald einen neuen Verehrer und so war auch das Betriebsklima wieder im Lot.

Unser Sonnenschein Sophie machte mit elf Monaten ihre ersten Gehversuche. Jetzt mit gut einem Jahr war erhöhte Aufsichtspflicht geboten. Mit kleinen Trippelschritten wurde in allen Richtungen erkundet. Alles, was nicht niet – und nagelfest ist und in ihrer Reichweite sich befindet, wird angefasst, wenn es passt in den Mund gesteckt oder es fällt etwas runter und ist kaputt. Aber wem erzähl ich das, kennt ja fast jeder.

Beim Spaziergang hakte sich Marie bei mir ein und gemeinsam schoben wir fast täglich Sophie in der Sportkarre vor uns her. Abwechselnd nahm ich sie auf die Schultern und Marie bestätigte mir Sophies strahlendes Gesicht. Diese Art von zusammenleben war schön. Auch war Marie wieder zugänglicher. Wir haben uns nicht mehr den Rücken, sondern wieder in die Augen geschaut.

Marie nahm die Antibabypille. Ein zweites Kind war nicht in Planung. Mir war das ganz recht, zumal das Marie wieder aus dem Gleichgewicht bringen könnte. Aber es sollte anders kommen. Nach ein paar Monaten war sie wieder schwanger. Wie konnte das passieren? Ich glaubte an eine gewollte Vernachlässigung der Pilleneinnahme. Wie auch immer, wir stellten uns auf die neue Situation ein. Die nächsten Monate bis zur Entbindung des zweiten Kindes verliefen in harmonischer Atmosphäre. Unser Sohn Maik erblickte ohne Komplikationen das Licht der Welt. Als Frau und Kind wieder in unserer Wohnung waren, hatte unser Arbeits-und Gästezimmer dem zweiten Kinderzimmer weichen müssen. Die erste Zeit war aber Maiks Platz noch in unserem Schlafzimmer.

Die Arbeit und Beschäftigung mit den Kindern füllten die Tage völlig aus. Es blieb kaum Zeit für Gemütlichkeit, Liebe oder auch Streit. Mit einem neuen Kinderwagen und Sophie an der Hand, spazierten wir jetzt zu Viert. Ein schönes Bild, eine glückliche Familie könnte jeder denken. Maries freies Jahr ging schnell zu Ende. Die Kinder waren tagsüber im Kindergarten sowie Kinderkrippe untergebracht. Diese Möglichkeiten wurden allen Familien in der DDR eingeräumt.

Traurig musste ich, während dieser Zeit, den Tod meiner Eltern beklagen. Die nächsten drei Jahre verliefen ohne nennenswerte Vorkommnisse. Im Beisein beider Elternteile wurde Sophie eingeschult. Zwei Jahre später erfolgte es gleichermaßen mit Maik. Sophie war eine gute Schülerin und entwickelte in kürze eine gewisse Selbständigkeit. Nur im Ausnahmefall brauchten wir Eltern mit Rat und Tat zur Seite stehen. Mit Maik sah das schon anders aus. Er begriff den Ernst noch nicht und verwechselte die Schule mit der Spielwiese. Ermahnungen blieben da nicht aus. Als Elternteil musste ich sogar die Schule für ein klärendes Gespräch aufsuchen. Hier wurde ich über das schlechte Leistungsbild informiert und indirekt aufmerksam gemacht, mehr Hilfe für Maik aufzubringen. Wir taten das ohnehin, doch nun noch mehr. Irgendwie hat er es geschafft, mit durchschnittlichen Zensuren, die Zehnklassenschule erfolgreich abzuschließen. Sophie hatte ein Studium als Bauingenieur aufgenommen. Zu dieser Zeit bahnte sich die historische Wende an. Montagsdemonstrationen forderten die Auflösung der DDR. Es war eine friedliche Demonstration mit Erfolgsaussichten. Kurze Zeit darauf wurde die Grenze geöffnet und die Einheit Deutschlands besiegelt. Unsere Betriebe waren in der Auflösung oder Wandlung. Es wurden Selbständigkeiten gebildet, andere sind in Verwaltungskörperschaften untergekommen. Auch gab es kurzfristige Betriebsübernahmen durch Sponsoren, die ein Teil der Belegschaft übernahmen.

Mit zwei weiteren Architekten und einem Statiker bildeten wir eine GbR (Gesellschaft bürgerlichen Rechts). Aufträge konnten zum Teil weitergeführt, bzw. durch Akquisition neue beschafft werden.

Marie wurde nach kurzer Zeit in die Arbeitslosigkeit geschickt. Mit Umschulungen, wie PC-Arbeit, Schreibmaschinenkursen war sie jetzt beschäftigt.

Maik nahm eine Lehre als Mechaniker auf und Sophie stand kurz vor Abschluss ihres Studiums.

Unser Trabant war jetzt nicht mehr zeitgemäß und ein neues Auto sollte, als Geschäftswagen, angeschafft werden. Meine Partner und ich orderten je einen BMW Touring. Neue Geschäftsfelder nach Bayern, Ungarn und Italien kamen jetzt auf uns zu.

Auf dem Lehrgang lernte Marie eine junge Frau kennen. Eines Tages, ich kam gerade von der Arbeit, da saß Marie mit dieser jungen Frau in der Stube. Ich begrüßte den neuen Gast und begab mich danach zu den Kindern. Sophie war beim Packen. Sie erzählte, in Hamburg, ein Bewerbungsgespräch in einer Versicherungsfirma durchführen zu wollen. Sie fahre mit einem Freund (Kommilitone). Ihr Studium hatte sie mit Erfolg abgeschlossen. Maik zeigte mir ein Werkstück, das er in seinem Ausbildungsbetrieb gefertigt hatte. Ich schätzte es als solide Arbeit ein. Danach erschien ich wieder im Wohnzimmer und fand Marie alleine vor. Sie erzählte von einer netten Person, die auch verheiratet wäre und zwei Kinder (Mädchen) hätte. Eine Einladung für das kommende Wochenende hatte sie schon ausgehandelt.

Nach der Wende erhielten wir erstmals einen Telefonanschluss, der mit der neuen Freundin gleich ausgiebig genutzt wurde. Wenn ich die Gesprächsdauer mit meiner vergleiche, stehe es 1: 100. Wie erwähnt, das Wochenende nahte und die für mich neuen Gäste erschienen. Sie machten auf mich einen freundlichen Eindruck und eine Unterhaltung kam schnell zustande. Sie, Margarete, hat sich für ein Versicherungsunternehmen entschieden. Der Lehrgang sollte ihre PC Kenntnisse verbessern. Ihr Mann, Leopold, arbeitet bei einer HLS Firma (Heizung, Lüftung, Sanitär). Der Abend endete feucht, fröhlich und ein neuer Termin, bei den Gästen, wurde gleich abgestimmt.

Sophie wurde von der Versicherungsfirma übernommen und erhielt auch gleich eine kleine Wohnung. Einige Möbel aus ihrem Zimmer konnte sie noch verwenden. Wir als Eltern unterstützten sie beim Umzug. Ihr Freund fand, nach längeren

Anstrengungen, einen Job als Bauleiter in einem Baubetrieb. Auch Maik hat nach zwei Jahren seinen Facharbeiterbrief in den Händen halten können. Damit sind beide Kinder als selbständige Erwachsende einzuordnen und unsere Erziehungspflicht abgeschlossen.

Maries Lehrgänge führten nicht zur Voraussetzung eines neuen Arbeitsplatzes. Auf Grund meines Verdienstes wurde sie später auch für keine Harz IV Unterstützung vorgesehen. Um den dadurch entfallenen Rentenanteil auszugleichen, habe ich sie bei mir eingestellt. Ein vernünftiges Gehalt, für wenig Arbeit, sollte sie wirklich zufrieden stellen. Eine positive Bemerkung ihrerseits hat sie nie geäußert.

Der Kontakt mit Margarete und Leopold hat sich inzwischen zur richtigen Freundschaft entwickelt. Viele Dinge, wie unter anderem tanzen gehen oder einen gemeinsamen Urlaub unternehmen, waren einige Unternehmungen. Tanzen war auch Margaretes Leidenschaft. Marie und Leopold saßen lieber und sahen uns zu. Ein folgender Urlaub in Teneriffa sorgte für weitere Abwechslung. Im Vorfeld trat eines Tages Margarete an mich heran und fragte, ob sie mit Marie ein Zimmer teilen darf. Da mir sofort keine Antwort einfiel, ergänzte sie noch, alleine in einem Raum Angst zu haben. Auch schnarche Leopold sehr laut und sie schlafen zu Hause getrennt. Ich willigte ein, ohne davon begeistert zu sein. Im weiteren Verlauf erzählte Margarete ihren Mann nicht zu lieben, aber trotzdem ein auskömmliches Verhältnis mit ihm zu haben. Ähnlich wie bei uns dachte ich. Mich beschlich eine unwohle Ahnung. Vielleicht sind beide Frauen für Männer nicht geschaffen. Weiter möchte ich mit meinen Gedanken nicht gehen. Also wurden in einem 4- Sternehotel ein Doppel- und zwei Einzelzimmer gebucht.

Den Urlaub selbst habe ich überwiegend mit Leopold verbracht. Wir unternahmen Wanderungen und Besichtigungen von Sehenswürdigkeiten. Je nach Situation hatten wir auch feucht fröhliche Unterhaltungen beim Biertrinken. Die Frauen trafen wir hauptsächlich zu den Essenszeiten. Auch einige Animationen haben wir mit den Frauen gemeinsam angesehen. Eine gewisse Abspaltung war aber nicht zu übersehen.

Wieder zu Hause angekommen, begann der Ernst des Lebens. Vom ersten Arbeitstag nach Hause kommend, wurde ich in Sophies Zimmer beordert. Dort stand ein neues Bett für mich eingerichtet. Das alles ohne Vorwarnung und meine Einwilligung. Selbst auf das Bett, ob es mir gefällt oder nicht, hatte ich keinen Einfluss. Auch ich solle schnarchen und deshalb diese Ausquartierung. Da wurde ich sozusagen schon in Teneriffa auf diese Aktion vorbereitet. Sie erscheint auch nicht mehr zum Frühstück. Angeblich passt ihr das frühe

Aufstehen nicht. Abends das Gleiche. Dann hat ein Fernsehprogramm Vorrang. Mittags ist die einzige Mahlzeit, die wir zusammen einnehmen. Begründet natürlich dadurch, weil warmes Essen nicht zweimal gekocht oder gebraten wird. Jetzt hat Marie das letzte Bindungsglied zerschlagen. Ich natürlich machte ihr jetzt eine zusätzliche Freude und zog mich komplett in mein neues Zimmer zurück. Dieses richtete ich in Folge neu ein. Auch ein Fernseher fehlte hier nicht.

Jegliche Berührung von Kopf bis Fuß ist für mich Geschichte. Bei uns geht's jetzt zu, wie mit Bekannten -guten Tag-guten Weg. Apropos schnarchen, da gibt es hunderte von Möglichkeiten, selbst ohne Nebenwirkungen, diese Geräusche abzustellen. In diese Richtung wollte man gar nicht sehen.

Das Schlafen Frau mit Frau scheint hier größere Bedeutung zu haben. Marie hat diese Situation gewollt und scheint damit sehr zufrieden zu sein. Mit allen Leuten ist sie die freundlichste Person. Für mich bleibt kein Lächeln übrig. Einen sanfteren Ton schlägt sie nur dann an, wenn sie etwas von mir will. Sei es das Bezahlen von neuen Möbeln, anderen Gegenständen oder Aufgaben, die sie nicht lösen kann. Wenn ich bei einer Sache bedenken anmelde, wird sie sofort unsachlich. „Dann mache ich`s eben alleine oder frage jemand anderen." Selbst beim Autofahren kommt ständig Kritik. Beim Bremsen vor Ampeln oder anderen verkehrsbedingten Situationen macht sie absichtlich immer einen übertriebenen Schwenker nach vorne. Meckert über zu ruckartiges Halten. Ich spüre so langsam einen Hauch von Hass, der mir entgegen wirkt. Scheidung war jetzt das Wort, das mir im Kopf rumschwirrte. Aus einer Emotion heraus habe ich es Marie angeboten. Schnippisch, wie sie zu Zeit ist, sagte sie: „Tu es doch“. Ich stellte mir die Auswirkungen nach einer Scheidung vor. Alles, was man sich geschaffen hat und die Kinder, haben mich erst einmal davon abgehalten. Andererseits ist ein unglückliches Leben auch keine Alternative. Ich glaube Marie kennt kein unglückliches Leben. Wer nicht liebt, ist zu jedem neutral. Das sollte sich bald bestätigen. Auch zu mir, hat sie nach einiger Zeit, wieder zum normalen Auftreten zurückgefunden. Das täuscht nicht darüber hinweg, dass uns nur noch eine platonische Beziehung verbindet.

Ein kleiner Spruch:

**Hallo mein Harry Schatz!**
**Hallo mein Marie Schatz!**
**Hätte beides im Herzen Platz,**
**wär es nicht für die Katz.**

Einen Hausbau hatte ich mir vorgestellt, doch mit unserer Beziehung wäre das ein zu hohes Risiko. Um einen Ausgleich zu schaffen, gelang es mir einen Garten zu übernehmen. Ein schönes Gartenhaus mit 2 Räumen, einer Küchenzeile und einem WC, luden auch zum Übernachten ein. Eine gute Voraussetzung das Leben mehr in der Natur zu genießen. Marie fand ihre neue Herausforderung mit der Unterhaltung von Rosenbeeten. Übernachten wollte sie hier nicht. Dafür ich und das den überwiegenden Teil des Sommers. Eine Ausnahme bildete ein Grillabend mit unseren Bekannten. Für die Übernachtung stellten wir ein zusätzliches Zelt auf. Nach einem gemütlichen Abend bei Grillfleisch, Sekt und Bier, richteten wir uns für die Nacht ein. Wie im Urlaub schliefen die beiden Frauen in einem Raum. Der zweite Raum war für mich vorgesehen. Leopold verkroch sich ins Zelt. Ein ausziehbares Liegesofa für die Frauen und je eine Luftmatratze für die Herren, waren Grundlagen der Nachtruhe. Wegen der Vorkommnisse während und nach dem Urlaub, habe ich die Bekanntschaft nicht länger aufrecht halten wollen. Sie war mit verantwortlich für meine verkorkste Beziehung. Magdalenas lieblose Ehe auf uns zu übertragen sah ich als folgenschweren Eingriff. Trotzdem ist mir klar, dass Marie die Hauptschuld trifft. Die Bekanntschaft fand dann schnell ihr Ende.

Ein renommierter Paarexperte schreibt:

> Körperliche Nähe ist ein wichtiges Element eines liebevollen Umgangs. Geht dieser dem Paar verloren, breiten sich schnell Unzufriedenheit und Frust aus. Paare, die in einer gut funktionierenden Beziehung leben, sieht man auch noch nach Jahren des Zusammenlebens kuscheln, Händchen halten und sich küssen. Dass mit den Jahren die Sex-Frequenz etwas nachlässt, sieht man nicht als tragisch an: "Die meisten Langzeitpaare beschreiben ihre Sexualität als intensiver und befriedigender, weil gegenseitiges Vertrauen das Fallenlassen erleichtert."

Auf mich bezogen trifft der negative Teil zu 90 Prozent zu.

Die Arbeitsteilung, sowohl im Büro als auch im Garten, erwirkte mehr Ausgeglichenheit und auch Stabilisierung unserer Beziehung. Wir sprachen wieder mehr miteinander und unternahmen z.B. Ausflüge und planten einen Urlaub. Sicher spielt hier auch das inzwischen erreichte Alter eine Rolle. Gewohnheiten, auch mehr Gelassenheit, nenn ich mal als Hauptfaktoren. Unser nächster Flug brachte uns in die Türkei. Vom Flughafen Antalya wurden wir mit dem Bus zum Hotel in Side gebracht. Es ist ein 5 Sterne Hotel, in dem wir ein Appartement mit zwei Zimmern, Bad, Dusche, WC und einen Balkon, vorfanden. Die Einrichtung war sehr ansprechend. Pool, Sportstätten, gastronomische Einrichtungen, Massage und Saunaräume ergänzten den Anlagenbereich. Als Frühaufsteher wartete ich im Speisesaal bis zu meinem zweiten Frühstück auf Marie. Doppelt gestärkt begab ich mich dann mit ihr an den Strand. Am späten Nachmittag bummelten wir durch Side und bewunderten die viele Basare. In den nächsten Tagen unternahmen wir Ausflüge nach Ephesos und Troja. An einem folgenden Abend fiel mir auf, dass ein beschäftigter Türke vom Hotel, wohl ein Auge auf Marie geworfen hat. Trotz ihres Alters hatte sie immer noch eine attraktive Ausstrahlung. Ich war gespannt  wie Marie darauf reagieren wird.  So auffällig, wie dieser Mann sich anstellte, musste sie das gemerkt haben. Ich erklärte Marie, noch ihren gewünschten Ring, im Ort kaufen zu wollen und ließ sie alleine. Auf dem Rückweg rempelte ich eine Frau oder sie mich an. Mit meinen Gedanken noch vertieft, konnte ich  diese Schuldfrage nicht klären. Meine Entschuldigung nahm ein freundliches und hübsches Gesicht, mit der Aussage: „Ist ja nicht so schlimm“, entgegen. Meine Frage: „ sie kommen wohl auch aus Deutschland“, beantwortete sie mit: „ Nein  aus Österreich.“ Ihre hochdeutsche Aussprache erklärte sie damit, erst seit 8 Jahren in Österreich zu leben. Ich wollte mich verabschieden, da hielt sie mich am Ärmel fest und fragte: „sind Sie verheiratet?“ Mein: „Ja“ beantwortete sie mit: „ Ich auch.“ Dann ließ sie mich los und ging. Jetzt hätte ich sie festhalten können, ließ es aber. Wieder im Hotel angekommen, fand ich Marie mit den besagten Türken am Strandkaffee sitzend vor. Ich gab ihr den gekauften Ring und verschwand in meinem Zimmer. Kurz darauf erschien Marie und fragte, warum ich mich nicht dazu gesetzt habe. Das ist nur ein freundlicher Türke, der von seiner Heimat schwärmt und sie unterhalten hätte. Ich erwiderte, sie nicht stören zu wollen. Marie sah mich nur an, sagte aber nichts. Abends schauten wir einer Travestie Chow zu. Ich tat so, als bemerke ich, die Blicke des seitlich von uns sitzenden Verehrers, nicht. Am nächsten Morgen, noch alleine beim Frühstück sitzend, erwartete mich eine Überraschung. Fast unbemerkt nahm die gerempelte Person an meinem Tisch Platz. Folgender Dialog entwickelte sich: „Guten Morgen mein Herr, auch alleine?“ „Noch, aber meine Frau kommt gleich.“ „Ich habe meinen Urlaub alleine gebucht.“ Sie sind doch verheiratet.“ „Ja, aber nicht mehr lange.“ Dann erschien Marie und das Gespräch war beendet.

Ein neuer Spruch:

**Die Frau, die mich nicht mag,**
**die gibt’s nicht jeden Tag.**
**Doch wenn ich meine frag,**
**dann sagt sie jeden Tag**

Irgendwie bemerkte ich eine gewisse Unruhe in mir. Sehnte mich plötzlich nach Zärtlichkeit und Liebe. Ich traute mich nicht Marie, nach langer Zeit, mit diesen Gefühlen zu überraschen. Zu tief saß noch der Stachel ihrer Lieblosigkeit. Nach dem Frühstück begab Marie sich an den Strand. Ich wollte weiter die Umgebung erkunden um sie für neu gewonnene Eindrücke zu interessieren. Auf dem Weg wurde ich mit dem Satz, Sie unternehmen ja auch alles alleine, begrüßt. Bei meinem flotten Gang überraschte es mich schon, von einer Frau überholt zu werden. Auf meine Frage: „sind sie sportlich vorbelastet?“, sagte sie: „Ein wenig.“ Weiter äußerte sie: „Ehrlich, ich bin ihnen gefolgt.“ Auf die Frage; ihre Ehe, muss man denken, ist auch nicht die Glücklichste, konnte ich nur bestätigend antworten. Wir sahen uns an und so dicht vor mir stehend musste ich sie einfach küssen. Sie wehrte nicht ab, sondern ließ diesen Kuss so innig werden, als hätten wir die Liebe neu erfunden. Nach ein paar Schritten schaute sie mich so warmherzig an, dass eine Wiederholung unvermeidbar machte.

Hand in Hand setzten wir den Spaziergang gemeinsam fort. Nach Stunden vor dem Hotel zurückgekehrt, lösten wir uns. Vorher wurde ein neues Treffen vereinbart. Marie, wieder mit dem Türken antreffend, hatte diesmal meine Erlaubnis. Irgendwie war mir das sogar recht. Abends saß ich mit Marie im Restaurant des Hotels und trank mit ihr eine Flasche Wein. Ich erzählte ihr von der neuen Bekanntschaft und sagte jeder könnte ja den Urlaub auf seine Weise überbrücken. Sie sagte nichts dazu, blieb aber entspannt. Das sagt mir viel mehr.

Beim nächsten Date stellten wir uns erst mal richtig vor. Sie, Helene ist 43 Jahre alt, noch verheiratet und hat eine 20 jährige Tochter. Sie liege in Trennung und die Scheidung wird, einvernehmlich kurz nach dem Urlaub, vollzogen. Eine Rückkehr nach Deutschland schließe sie nicht aus. Meine Situation verfolgte sie mit teils skeptischem Mienenspiel. Ich war froh mit Marie, so eine Art Vereinbarung, getroffen zu haben. Helene war sichtlich bemüht, mit mir, ein Abendteuer zu wagen. Abends nahm sie mich mit in ihr Zimmer. Sie zeigte mir, bei einer Flasche Sekt, ein paar Bilder von sich und ihrer Tochter. Als sie später aus dem Bad zurück kam, erschien sie mit aufreizender Unterwäsche. Eine herrliche Figur mit sexy Ausstrahlung. Mir wurde fast schwindelig, ich fühlte mich im falschen Film. Sie kam auf mich zu, küsste mich und öffnete mein Hemd. Dann ging alles im rasenden Tempo, mit Glücksgefühlen, weiter bis die Erschöpfung das Ende bereitete. Eine Erfüllung, die ich nie mit Marie hatte. Wie soll ich so etwas je vergessen. Ich spürte die Zuneigung Helenes und dachte im Moment, die richtige Frau noch, für mich, gefunden zu haben. Der, bis zuvor angedachte Urlaub Flirt, könnte sich zu einer völlig neuen Beziehung entwickeln. Mitternachts, in meinem Zimmer zurückgekehrt, dachte ich vor dem Einschlafen noch mal über den Abend nach. Morgens, wie zuvor, saß ich mit Helene zusammen am Frühstückstisch. Ihre Ausstrahlung, immer warmherzig und liebevoll zu mir, ließ mich Marie in den Hintergrund treten. Selbst, als sie erschien, konnten wir unsere neue Liebe nicht vor ihr verbergen. Marie war aber gut gelaunt und fragte nach unserem Befinden. Jetzt wurde mir noch deutlicher, wie groß unsere Beziehungswunden sind. Es schien ihr völlig egal zu sein oder hat der Türke ihre gute Laune bewirkt. Mir wurde immer deutlicher klar, dass es mit dieser trostlosen Ehe nicht weiter gehen kann. Ich denke, eine Scheidung wäre auch für Marie die beste Lösung. Warum sollen zwei Menschen auf das schöne im Leben verzichten, Ich unterhielt mich mit Helene über meine Absichten. Sie sah mich etwas traurig an und meinte keine Ehebrecherin sein zu wollen. Das konnte ich beruhigend ausräumen und küsste sie. Der Urlaub nahm sein Ende und wenn man so will, das Leben einen neuen Anfang. Mit Helene tauschte ich die Handynummern aus, auch um unserer Beziehung Glaubwürdigkeit zu verleihen, nannten wir unsere Wohnorte. Von ihr erfuhr ich, dass sie als Modedesignerin tätig ist.

Der Flieger brachte uns wieder heil nach Hause. Die Blumen ließen zum Teil die Köpfe hängen. Dem Gemüt, was Marie und mir anging, gleichwohl. Kaum habe ich mein Zimmer erreicht, klingelte mein Handy. „Hallo Harry Schatz, bist Du schon zu Hause?“ „Ja und Du?“ „Warte gerade auf ein Taxi, das mich nach Hause bringt. Es kommt jetzt eins, melde mich wieder, Kuss mein Liebster.“ Ich kam nicht mehr dazu noch was zu sagen und legte das Handy auf meinen Arbeitstisch.

Meine Tochter Sophie ließ, auf dem Anrufbeantworter, vermelden uns zu besuchen. Marie und ich vereinbarten äußerlich ein normales Familienleben zu führen. Vorsorglich habe ich aus diesem Grund noch das Scheidungsgespräch zurückgehalten. Sophie brachte auch eine Neuigkeit mit. Sie sei schwanger und in ca. 3 Wochen könnten wir Oma und Opa werden. Über ihr besetztes Zimmer war sie erstaunt. Sie meinte, diese Situation mit euch möchte ich mir gar nicht vorstellen wollen. Für mich war das eine Genugtuung. Maik, ja noch bei uns wohnend, hatte dazu keine Meinung. Er war kaum zu Hause, denn seine Interessen teilte er mit seinen Kumpeln.

Ich rief Helene an und führte folgendes Gespräch: „Hallo mein Heli Schatz, wie geht es dir?“ „ Ohne Dich nicht so gut, ich habe große Sehnsucht nach Dir.“ „Mir geht es nicht anders, wir müssen ein wenig Geduld aufbringen.“ „Nächste Woche habe ich meine Scheidung hinter mir, können wir uns danach treffen?“ „Ich will sehen, was sich machen lässt, habe eine Dienstreise nach München und könnte einen Abstecher machen.“Was erzähl ich hier, natürlich komme ich. Ich liebe Dich.“ „ Ich Dich auch und wie.“ „Kannst Du mir ein Hotelzimmer besorgen?“ „Brauche ich nicht, denn ich habe eine eigene Wohnung.“ „Na bestens, schade das es mit dem Beamen noch nicht klappt.“ Plötzlich geht die Tür auf und Sophie sagte; „Komme bitte, wir essen jetzt“. „Ja gleich.“ Mit, meine Liebste, ich melde mich wieder, beendete ich das Gespräch.

Sophie plant mit ihrem Freund und werdenden Vater eine Hochzeit. Termin und Örtlichkeit steht noch aus. Ich kann mich, um des lieben Friedens willens, nicht länger um die Scheidung drücken. Die Liebe zu Helene ist größer als die Rücksicht auf meine Familie. Ich nahm mir vor, mit beiden Kindern, ein reinigendes Gespräch zu führen. Marie habe ich meinen Entschluss mitgeteilt und wartete noch immer auf ihre Antwort. Ich wünschte eine friedliche Auflösung unserer Beziehung und einen bestehenden Kontakt zu besonderen Anlässen, wie z.B. Geburtstage der Kinder und werdenden Enkelkindern. Auch die Achtung zwischen Marie und mir wünschte ich zu bewahren. Marie war damit einverstanden. Mit Sophie und Maik habe ich über unsere Situation gesprochen. Letztendlich haben sie mich verstanden, zumal auch, weil ich den Kontakt aufrechterhalten möchte. Wir reichten die Scheidung ein und haben 1 Jahr Trennungszeit zu akzeptieren.

Ich rief Helene an und unterrichtete sie über diesen, neuen Stand. Sie nahm es wohlwollend auf und wusste wie ernst mir das war. Kurze Zeit darauf fuhr ich mit dem Auto vor ihrer Wohnung vor. Nach dem Öffnen der Wohnungstür fiel sie mir um den Hals und wir küssten uns. Nach der Begrüßung war ich erstaunt, wie gut und geschmackvoll ihre Wohnung eingerichtet war. Mit 3 Zimmern für Alleinstehende, fand ich ungewöhnlich. Sie klärte mich auf, denn ihre Tochter wohne noch bei ihr. Wir unterhielten uns über unsere Zukunft und schmiedeten schon neue Pläne. Auf jeden Fall wollten wir zusammen sein, auch um uns für eine feste Bindung zu beweisen. Das Problem war die Örtlichkeit festzulegen. Sie in Salzburg und ich in Schwerin beschäftigt. Helene wusste, dass Marie in meinem Büro tätig ist und war mit dieser Vorstellung nicht so begeistert. Mein Argument, mich in Österreich komplett umstellen zu müssen, alleine auch die Staatsbürgerschaft anzunehmen, wäre ein Problem. Helene hat ihren Beruf in Deutschland studiert und auch noch Verbindungen zu dortigen Modeunternehmen gehalten. Wir einigten uns, die Verlegung nach Deutschland anzustreben. Möglichst nach

Helenes Vorstellung. Damit war ich einverstanden, denn mit meinen Beruf bin ich in Deutschland flexibel.

Die Wohnungstür ging auf und Helenes Tochter Ines erschien. Sie war vorbereitet und begrüßte mich etwas reserviert. Um uns nicht zu stören oder aus Schüchternheit, ich weiß es nicht, begab sie sich gleich in ihr Zimmer. Von Helene erfuhr ich, dass sie im letzten Jahr ihres Studiums für Innenarchitektur, steht. Die Zukunftsvorstellungen behielten wir erst mal für uns.

Bei einem Spaziergang durch die Salzburger Altstadt lagen uns die Sehenswürdigkeiten zu Füßen. Helene zeigte mir die Residenz, das Glockenspiel, den Dom, die Franziskanerkirche, den Mozartplatz und die Festung Hohensalzburg. Diese exorbitanten Gebäude interessierten mich sehr. Die Zeit reichte nicht für alles Sehenswerte, doch von dem Hauch längst vergangener Zeiten hat man einiges gespürt. In einer gemütlichen Gaststätte haben wir, bei einer guten Flasche Wein, unser Abendessen eingenommen. Auf dem Heimweg, die Dämmerung trat bereits ein, küssten wir uns, wie Teenager, auf der Straße. Das Verlangen nach Liebkosungen, egal wo man war, untermauerte unsere Liebe. In der Wohnung angekommen, gab es noch einen kleinen Abzocker. Ines war mit einigen Kommilitonen unterwegs. Streicheln, kuscheln und küssen, wurde mit der Rückkehr Ines unterbrochen. Sie setzte sich, mit einem guten Abendgruß, an unseren Tisch. Etwas Neugierig fragte sie mich nach meinen Zielen. Mich erstaunte ihre Frage, aber mit Helenes Hilfe haben wir ein Teil unserer Absichten mitgeteilt. Um sie nicht zu beunruhigen, äußerten wir nichts zu übereilen. Etwas irritiert, ging sie mit einem Gutenachtgruß, in ihr Zimmer. Es war schon spät und wir gingen auch zu Bett. Nach den Liebesaktivitäten zahlreicher Körperteile, vielen wir in einen gesunden Schlaf.

Dank des zusätzlichen Gäste WC kamen wir uns morgens nicht ins Gehege. Zu dritt saßen wir zeitig am Frühstückstisch. Das Wochenende stand bevor, so dass ich meinen Aufenthalt verlängern wollte. Helene meinte, mich ohnehin nicht früher gehen zu lassen. Ines scheint sich allmählich an mich zu gewöhnen. Sie hat große Ähnlichkeit mit ihrer Mutter und ebenso die freundliche Art. So schaltete sie sich wieder in das Gespräch ein und sagte: „Ich freue mich für meine Mutter, endlich einen richtigen Partner gefunden zu haben. Wenn ihr solchen Schritt machen wollt, wie gestern erklärt, kann ich mir die Ernsthaftigkeit eurer Beziehung vorstellen.“ Dann folgte: „Darf ich dich Harry nennen?“ Ich sagte: „Hätte ich dir auch vorgeschlagen“ und freute mich über ihre Worte. Nebenbei ließ sie noch vermerken, mit ihrem Vater, kein gutes Verhältnis zu haben. Durch seinen dekadenten Abwärtstrent, war die Scheidung ihrer Mutter die richtige Folgerung. Helene schaltete sich ein und lenkte das Thema auf heutige Unternehmungen. Sie schlug einen gemeinsamen Ausflug, mit Ines und mir, zum Königssee vor. Ich fand das gut, zumal auch das Verhältnis zu Ines sich noch verbessern könnte. Nach einer 30 minütigen Autofahrt haben wir bereits das Ziel erreicht. Tief eingebettet zwischen steil aufragenden Felswenden liegt der 8 km lange Königssee mit seinem kristallenen Wasser mitten im Alpen-Nationalpark Berchtesgaden. Vom Parkplatz erreichten wir nach wenigen Schritten eines der schmucken Elektrofahrgastschiffe. Der Blick auf den See und die Ruhe, die man hier genießt, sorgen für Entspannung und Erholung. Die Bootsfahrt führte zur Halbinsel St.-Bartholoma und am weltberühmten Echo vom Königssee vorbei. Die Fahrt dauerte ca. 35 Minuten. Hier machten wir einen Spaziergang am Seeufer entlang. Ich fasste Helene wieder an die Hand. Ines etwas unschlüssig sagte dann zu mir: „Harry du hast doch 2 Hände!" Kaum zu glauben, aber sie scheint mich zu mögen. Ich ergriff auch ihre Hand und hatte somit zwei Frauen an der Angel. Der schattige Biergarten der Gaststätte St. Bartholomen, dem ehemaligen Jagdschloss des bayrischen Könighauses, lud uns zur Mittagspause ein. Ich schwärmte von den Eindrücken, die man hier genießen kann. Helene und auch Ines freuten sich, mir einen gelungenen Ausflug bieten zu können. Nach dem Essen gingen wir, in gleicher Formation, zurück zur Bootsanlegerstelle. Von hier aus fuhren wir zurück zur Basisstelle. Schon auf dem Weg zum Auto war es mit der Ruhe vorbei. Allgemeine Geräusche, wie z.B. Motorenlärm, erreichten unsere Ohren. Unterwegs, auf der Rückfahrt mit dem Auto, hielten wir bei einem Bäcker und kauften 3 Tortenstücke, 1 Brot und 10 Brötchen. In der Wohnung angekommen, widmeten wir uns dem Kaffeekränzchen. Anschließend machten sich Helene und Ines im Bad etwas frisch. Zurückkommend ins Wohnzimmer, erklärten sie, später mit mir tanzen gehen zu wollen. In Vorbereitung dessen, wäre es gut, sich noch ein wenig auszuruhen. Nach so einer Art Halbschlaf hörte ich Geplätscher Geräusche im Bad. Der Abend ist inzwischen angebrochen und die beiden Frauen in ihren Gemächern verschwunden. Ich nutzte jetzt das freie Bad und konnte nach dem Frischmachen nur ein anderes Hemd wechseln. Auf einen Tanzabend war ich nicht eingestellt. Helene und Ines erschienen in schönen Kleidern und dezent geschminktem Outfit. Meine Klamottenpräsenz störte sie nicht Der warme Sommerabend lud zum kleinen Spaziergang, zum Tanzlokal, ein. Ein junger Mann stand plötzlich vor Ines. Sie stellte mir ihren Freund vor. Zusammen betraten wir das Lokal. An einem Vierertisch fanden wir einen guten Platz. Wir bestellten eine Flasche Wein und für den Freund ein Bier. Ihr Freund, schon fertig mit dem Studium, ist noch als frischgebackener Architekt auf Arbeitssuche. Ich riet ihm, erst in einem größeren Büro, die Fertigkeiten zu erlernen.

Die Musik hat wieder begonnen und es wurde Zeit, Helene zum Tanz zu bitten. Auf der Tanzfläche schauten wir uns in die Augen und drückten unsere freien Hände im Impulstakt. Auch beim Tanz spürte man, wie die Liebe durch den Körper strömte. Twist und ein griechischer Sirtaki ließen uns auch auseinander bewegen. Ich fühlte einen leichten Stoß und Ines schaute mich dabei spitzbübisch, als Täterin, an. Sie hatte sich mit ihrem Freund tänzerisch an uns herangepirscht. Ich lachte dazu und war ihr sogar, für die kleine Neckerei, dankbar. Nach weiterer Musik forderte Ines ihren Freund auf, mal mit ihrer Mutter zu tanzen. Kaum sind sie dem gefolgt, schaute mich Ines herausfordernd an. Ohne was zu sagen, nahm ich ihre Hand und führte sie auf die Tanzfläche. Die leichten Tanzrhythmen brachten uns ganz nah. Wie Helene schaute sie mir in die Augen, als wollte sie sagen, du gefällst mir auch. Ein Foxtrott brachte uns in eine andere Position. Ich sprach mit ihr einige Worte, u.a. dass ich mich über ihre Zuneigung zu mir, als väterlicher Freund, freue. Ob sie das hören wollte, weiß ich nicht. Sie ließ sich jedenfalls nichts anmerken. Noch 2 Tänze und wir nahmen wieder am Tisch Platz. Helene saß bereits mit Ines Freund und schaute ihrer Tochter, mit einem leicht vorwurfsvollen Blick, an. Ich lud Helene zu einem Drink an die Bar ein. Dabei sah ich ihr verliebt in die Augen und die Stimmung war wieder aufgehellt. Nach dem Drink wurde es langsam Zeit, sich auf den Weg zu machen. Ines trennte sich, trotz gegen seinen Willen, von ihrem Freund und ging mit uns zusammen nach Hause. Der ereignisreiche Tag hat besonders mir gut gefallen. Es war bereits nach Mitternacht und für meine Rückreise zeitig den Schlaf einzunehmen. Ich küsste noch einmal Helene und gab Ines die Hand. Sie sprang auf und gab mir einen flüchtigen Kuss auf die Wange. Nach diesem guten Nachtgruß ging ich ins Bad und dann ins Bett. Ich habe die beiden Frauen nicht mehr gehört. Mein fester Schlaf sorgte für ein munteres Aufstehen. Alleine am Frühstückstisch sitzend ließ ich noch einmal, das gestern Erlebte, Revue passieren. Die Gedanken auf meine lange Heimreise gerichtet, forderten zum zeitigen Aufbruch auf. Mit dem Frühstück fast fertig, hörte ich erste Geräusche im Bad. Nach kurzer Zeit erschien Helene mit einem guten Morgen sagend und einem Küsschen auf meinem Mund. Sie wusste von meinem Zeitdruck und umarmte mich noch einmal mit trauriger Miene. Ich zog meine Jacke an und wollte mich verabschieden, da lief mir Ines im Nachtgewand entgegen. Sie umarmte mich und sagte: „ Komm bald wieder." Dann verschwand sie. Nachdem ich Helene noch einmal auf unsere Pläne hinwies, küsste ich sie und ging schweren Herzens zum Auto. Vor dem Auto hielt ich demonstrativ das Handy ans Ohr und signalisierte damit uns jederzeit kontaktieren zu können. Ein letzter Wink und ich fuhr los. Mit einigen Pausen erreichte ich am späten Abend meine

Wohnung. Alles schlief schon und nach kurzem Frischmachen, tat ich gleiches. Einiger maßen ausgeschlafen begegnete ich Marie am Frühstückstisch. Mit einem: „ Guten Morgen“ sagend, setzte ich mich dazu. Sie sagte leise: „Morgen“ und blieb dann stumm. Wir gingen gemeinsam und schweigsam zur Arbeit. Im Büro war Marie wie ausgewechselt. Freundlich, mit einem Hallo, begrüßte sie alle Kollegen. Nach meiner Begrüßung unterrichtete ich meine Partner über die Ergebnisse meiner Dienstreise.

Nach einigen Wochen, immer mit Helene im Kontakt, erzählte sie mir, in ihrer alten Heimatstadt Stuttgart Arbeit finden zu können. Es wäre ihre alte Arbeitsstelle, allerdings mit neuem Ausbau und auch meist neuen Kollegen. Das Problem wäre Ines. Ihre Studienzeit ist erst in einem halben Jahr beendet. Ich äußerte, als junge Frau, inzwischen mit 21 Jahren, käme sie eigentlich alleine zurecht. Alleine stimmt insofern, da sie sich von ihrem Freund getrennt hat. Auch erfuhr ich von Helene, dass ihre Eltern in Stuttgart leben und dass sie sich so einen Umzug gut vorstellen kann. Ich teilte ihr mit, erst einmal mit Ines schon darüber zu sprechen. Wenn nötig können wir ja sonst langfristig alles vorbereiten, wie z.B. Wohnung oder Haus suchen und die Arbeit bis zu einem halben Jahr sichern. Helene war damit einverstanden und wollte sich bald wieder melden.

Mein Sohn Maik war nun auch zum Leid seiner Kumpel, mit einer Freundin liiert. Die feucht, fröhlichen Ausschweifungen sind vorerst vorbei. Sophies Nachwuchs war nun bald zu erwarten. Ich musste aufpassen, weiterhin auch für meine Kinder da zu sein.

Helenes nächster Anruf brachte Neuigkeiten hervor. Ines war bereit auch wieder nach Deutschland zu kommen, zumal sie dann ihre Großeltern nicht vernachlässigen braucht. Sie wollte, sobald wir in Stuttgart fündig werden, die jetzige Wohnung mit einer kleineren tauschen. Kostenseitig versprach ich Helene, sie zu unterstützen. Ich recherchierte im Internet und ging einigen Wohnungsangeboten nach. 4 Wohnungen in der engeren Wahl müssten vor Ort in Augenschein genommen werden. Auch 2 kleinere Häuser mit 4 Zimmern und Grundstück fand mein Interesse. Ich informierte Helene und stimmte einen Termin in Stuttgart ab. Wir wollten uns eine Woche Urlaub dafür nehmen, zumal auch die Vorstellung Helenes in ihrer alten Arbeitsstelle und der Besuch bei ihren Eltern, zu berücksichtigen war. Wir buchten in einem mittleren 3 Sternehotel eine Woche mit Halbpansion. Das wiedersehen in Stuttgart wurde mit hungrigen Küssen begrüßt. Wir richteten uns erst im Hotel ein, bevor die Wohnungssuche aufgenommen wurde. Eine der besichtigten Wohnungen, mehr dem Stadtrand zugeordnet, gefiel uns sehr. 4 Zimmer mit Vollbad,

Gäste WC, großen Balkon, PKW Stellplatz und viel Grün rund herum, sollte es sein. Von einem Haus  bin ich wieder abgerückt. Die Entwicklung für so einen Neuanfang ist nicht vorhersehbar und ein mögliches Risiko muss man sich nicht auferlegen. Die Miete, weil am Stadtrand, ist erschwinglich. Wir entschlossen uns für diese Wohnung und hatten für den Einzug noch einen Monat Zeit. Die weitverstreuten Wohnungen haben viel Zeit in Anspruch genommen. Eine Bratwurst mit Brötchen zwischendurch, verlangte jetzt ein kräftiges Abendessen. In unserem Hotel konnten wir am Buffet gute Speisen zusammenstellen. Dazu genehmigten wir uns eine Flasche Wein und ließen den Abend ausklingen. Ein Liebesrausch vor dem Einschlafen blieb nicht aus. Morgens, nach dem reichhaltigen Frühstück, hatte Helene telefonisch einen Termin in ihrem Betrieb abgestimmt. Ich brachte sie mit dem Auto hin und hielt mich in der Nähe auf. Auf Grund der noch vorhandenen Kaderakten, konnte gleich eine Einstellung festgelegt werden. Sie nahm eine Besichtigung des Gesamtbetriebes mit dem Betriebsleiter wahr und konnte auch die Eindrücke für ihren Arbeitsbereich verinnerlichen. Hauptsächlich ging es um Damen-, Herren- und  Kinderbekleidung, die sie kreieren sollte. Nach ca. drei Stunden kam sie freudestrahlend raus und richtete mein gelangweiltes Gemüt wieder auf. Diese Wartezeit im Stück, kann auch zehren. Mittags waren wir bei ihren Eltern eingeladen.. Nach der freundlichen

Begrüßung wurde gleich aufgedeckt, denn das Essen war schon vorbereitet. Beide Elternteile genießen seit kurzem ihr Rentendasein. Die Unterhaltung richtete sich hauptsächlich über unseren Neustart in ihrer Stadt. Auch auf Fragen meines Berufes und Familienverhältnisses musste ich Rede und Antwort stehen. Nach dem uns das Essen sehr gemundet hat, machte ich mit Helene einen kleinen Verdauungsspaziergang. Sie erzählte ihr Vater hat sich noch nicht mit dem Ruhestand abgefunden. Als Inhaber eines mittelständigen Betriebes fiel ihm das Loslassen besonders schwer. Körperliche Probleme zwangen Ihn zur Aufgabe. Die Mutter war als Sekretärin in seinem Betrieb tätig. Den Nachmittag verbrachten wir noch bei Kaffee und Kuchen bei den Eltern. Dass ihre Enkelin Ines auch Interesse zeigt, in Stuttgart ansässig zu werden, erfreute die Eltern sehr. Am späteren Nachmittag verabschiedeten wir uns und dankten für den netten Empfang.

Wir haben im Grunde unsere Aufträge erledigt, beschlossen aber wenigstens noch einen Tag dranzuhängen. Schließlich ist für mich interessant, die Stadt schon ein wenig kennenzulernen. Helene wäre eine gute Führerin in ihrem Heimatort. Abends bummelten wir noch durch die Geschäftsstraßen und schauten uns schon Neuigkeiten für unsere künftige Wohnung an. Nach einem kleinen Imbiss im Hotel, gingen wir zeitig schlafen. Nach dem Morgenfrühstück des nächsten Tages regelten wir die Abrechnung mit dem Hotel. Beim anschließenden Spaziergang, für die wichtigsten, in der Nähe stehenden, Sehenswürdigkeiten, kam mir Helene zu Hilfe. Sie zeigte mir das alte Schloss, im Krieg in Schutt und Asche zerlegt und 1969 wieder aufgebaut Im Schloss befindet sich das Landes-und Geschichtsmuseum und die Schlosskapelle. Der Schlossplatz, mit seinem historischen Umfeld, war ein weiterer Augenschmaus. Wir nahmen noch Kurs durch einige Straßenzüge mit wundervollen Hausfassaden, die einem Architekten das Herz höher schlagen lässt.

Nach dem Mittagessen, in auf einer dem Weg liegenden Gaststätte, fuhren wir mit dem Auto nach Salzburg. Wir hatten beide noch 2 Tage Urlaub und ein angehängtes Wochenende. Mittels Helenes Anruf hatte Ines uns schon, nach betreten der Wohnung, erwartet. Wir begrüßten uns und wie gehabt, erhielt ich wieder ein Küsschen auf die Wange. Wir schilderten unsere Eindrücke von der neuen Wohnung und auch den Aufenthalt bei den Eltern, deren Grüße wir Ines übermittelten. Ines überraschte uns mit der Mitteilung, bereits eine Wohnung, für sich, gefunden zu haben. Eine junge Familie mit einem Kind, war sehr interessiert. Da es sich um private Vermieter handelt, steht einem Tausch, eigentlich nichts im Wege. Wir nahmen uns vor, mit denen zu reden. Die Telefonnummern hatte Ines schon notiert. Am späten Nachmittag erreichten wir beide Vermieter und stimmten die Termine ab. Einer noch vor dem Abend, der andere morgen Nachmittag. Die Gespräche verliefen freundlich und der Wohnungstausch war gesichert. Ines zeigte uns noch, in Abstimmung mit den Mietern, ihre neue Wohnung, 2 Zimmer, Vollbad und kleiner Balkon. Vorläufig geht sie davon aus, nur bis Studienende hier zu verbringen.

Der Urlaub ist so gut wie vorbei, mir verbleibt noch ein Wochenendtag bis zur Abreise. Da jetzt alles geklärt ist, können kurzfristig die Umzüge organisiert werden. Das heißt auch unsere Arbeitsstellen informieren und kurzfristige Kündigungen erledigen. Den Wochenendtag nutzten wir, um dazu alle Vorbereitungen zu treffen, sozusagen einen Plan entwickeln. Jeder, auf seine Weise, hat in der kommenden Woche seinen Auftrag zu erfüllen. Wir vereinbarten, in der übernächsten Woche den Umzug vorzunehmen. Ich verabschiedete mich herzlich von meinen Frauen und trat die Heimreise an.

Marie und die Kinder informierte ich über den kurzfristigen Umzug. Da sie mit der Situation vertraut waren, fassten sie es auch nicht als Überraschung auf. Mit meinen Partnern im Betrieb, habe ich keine Kündigung angestrebt. Wir haben vereinbart, mich als ausgelagerten Mitarbeiter, ohne

Vertragsänderung, zu betrachten. Z.B. könnten Bauvorhaben in meiner neuen Region von mir übernommen werden. Neue Verträge über eigene Akquise, sind ebenfalls der GBR zugeordnet. Meine Unterlagen in der GBR und auch zu Hause, kann ich mit meinem Auto transportieren. Mein Zimmer lass ich als Gästezimmer zurück. Für diese Dinge, alles vorbereiten, mit den Partnern viele Details abstimmen und den häuslichen Frieden, mit noch meiner Frau Marie, aufrechthalten, wird die jetzige Woche ausfüllen. Als verbleibender Angehöriger der GBR, bleibt auch der Kontakt mit Marie häufiger bestehen. Meine Kinder haben meine Handynummer und sobald ich einen neuen Festnetz Anschluss habe, erfahren sie den auch.

Helene rief mich an und konnte alle Vorstellungen unseres Planes verwirklichen. Möbeltransporte und beide Mieterwechsel wurden abgestimmt. Ihren Betriebsabschied, hat sie, mit Danksagung an die Belegschaft und einer Flasche Sekt, erledigt.

Das Wochenende nahte und mein Abschied vom alten Leben stand bevor. Ich umarmte noch einmal Marie und auch meinen hier wohnenden Sohn. Dann machte ich mich auf die Reise zu einem neues Leben.

Dank Helenes Organisationstalent sind beide Umzüge reibungslos von statten gegangen. Die Städtebaugesellschafft in Stuttgart hatte die Wohnung in einem guten Zustand übergeben können. Für 2 Räume haben wir noch einen Maler, für Verschönerungen nach unseren Vorstellungen, bestellt. Ines hatten wir unterstützt, um auch ihre Wohnung in einem ordentlichen Zustand bringen zu können. Den Rest der Woche nutzten wir für die komplette Einrichtung. Geschafft aber froh feierten wir unseren Einzug. Die neue Woche begann mit der Rückkehr zur Arbeit. Mein Arbeitszimmer, komplett ausgerüstet, ermöglichte mir sofort angefangene Vorhaben weiter zu bearbeiten. Helene hat im Betrieb ihre Kreativität unter Beweis stellen können. Der Ernst des Lebens hat uns nun im Bann. Die Bewährung unserer Liebe wird jetzt auf einen neuen Prüfstand gestellt. Vor jedem Feierabend beginnt schon die Vorfreude auf das Wiedersehen mit dem Partner. Diesen Zustand habe ich früher kaum gekannt. Jede Begrüßung wurde mit einem Kuss versüßt. Alle Dinge, wie einkaufen beziehungsweise  schoppen, ins Kino gehen oder die Stadt weiter kennen lernen, machen wir immer gemeinsam. Zu Hause sitzen wir, wenn nicht gerade irgendwelche Arbeiten anfallen, zusammen beim Fernsehen schauen oder unterhalten uns bei einer Flasche Wein. Viele Kuscheleinheiten sind, uns beide, ein Bedürfnis. Das ist wahre Liebe, ich weiß es und hoffe dass sie nie vergeht.

Nach einigen Tagen rief mich meine Tochter Sophie an und teilte mir mit, eine Tochter namens Amelie, das Leben geschenkt zu haben. Nach ersten übermittelten Glückwünschen, sicherte ich ihr zu, sobald wie möglich mit Helene, ihr einen Besuch abzustatten. Ich stimmte mit Helene einen Termin für das nächste Wochenende ab und informierte dann Sophie. Wir entschlossen uns, freitags nach Dienstschluss, schon loszufahren. Für einen Zwischenstopp bestellte ich ein Hotelzimmer in Kassel für Übernachtung und Frühstück. Gleiches auch für den nächsten Tag in Hamburg.

Dank Navigation sind wir gut angekommen und begrüßten Sophie auf das herzlichste. Wir wünschten für sie und das Kind alles Gute. Helene übergab ihr niedliche Babysachen und bemerkte: „Ich freue mich, Dich kennen zu lernen." Sophie bedankte sich und äußerte sich ebenso zu freuen. Amelie lag im Körbchen und schlief. Gans leise ins Kinderzimmer tretend, schauten wir sie uns an. Klein, besser winzig aber niedlich, fanden wir sie vor. Sophie hat unterdessen Kaffee und Kuchen auf dem Stubentisch serviert. Die Wohnungstür ging auf und Nico, der Freund und Vater traf ein. Auch ihn beglückwünschten wir. Er ergänzte und zum Opa. Wir unterhielten uns wechselseitig über die letzte erlebte Zeit. Unter anderem wolle man sich mit der Hochzeit noch Zeit lassen und warten bis Amelie aus dem Gröbsten raus ist. Als Sophie von Helenes

Beruf erfuhr, war ihr Interesse besonders geweckt. Amelie meldete sich und Sophie verschwand eine Weile. Nach dem Stillen konnten wir den kleinen Wonneproppen, im Arm tragend, bewundern. Es wurde Abend und wir verabschiedeten uns. Im Hotel haben wir noch etwas gegessen und ein Glas Wein getrunken. Wir gingen früh schlafen, um auch früh aufzustehen. Die lange Fahrt wollten wir nicht mit Zeitdruck erschweren.

Am nächsten Tag trafen wir am späteren Nachmittag in unsere Wohnung ein. Mit Gewächse gießen, Post und Zeitungen lesen bzw. überfliegen und bis zum Abend relaxen, vertrieben wir  unsere Zeit. Ines rief an, fragte nach unserem Besuch in Hamburg nach und erzählte, sich trotz der Arbeiten, die die neue Wohnung mit sich brachte, etwas gelangweilt zu haben. Helene erzählte ihr den Hamburg Aufenthalt und meinte, nicht verstehen zu können, Langeweile zu haben. „Du bist doch sonst auch mit deinen Kommilitonen unterwegs gewesen und hast nie über Langeweile geklagt." Ines: „Ja aber am Wochenende fahren die meisten nach Hause. Morgen schreiben wir eine Klausurarbeit, ich kann ja noch ein wenig lernen. Grüß Harry von mir. Tschüss bis zum Nächsten mal." Helene: „Tschüss" und legte das Handy auf den Tisch.

In der kommenden Woche erhielten wir von der Telekom Festnetzanschlüsse für private und geschäftliche Belange. Alle wichtigen Personen erhielten von uns die neuen Nummern. Für den Internetanschluss wurde ein Router beigestellt.

Inzwischen leben wir ein halbes Jahr glücklich und zufrieden zusammen. Ines hat ihre letzten Abschlussarbeiten und mündlichen Prüfungen abgeschlossen. Wie wir heute erfuhren, mit einem erfolgreichen Abschneiden. Wir beglückwünschten sie und luden sie zu uns ein. Es ist jetzt Frühjahr und Ines noch mit reichlich Zeit ausgestattet. Wir holten sie vom Bahnhof ab. Sie umarmte uns beide und machte einen glücklichen Eindruck. In der Wohnung angekommen, haben wir erst mal auf Ihren Erfolg angestoßen. Später haben wir über die neuen Herausforderungen gesprochen. Ihre Vorstellung, in Stuttgart ihre Zukunft zu bestreiten, hat sie nicht verworfen. Das heißt auch, eine neue Wohnung für sie zu beschaffen. Das war gar nicht in ihrem Sinne. Ihrem Wunsch, vorerst bei uns wohnen zu wollen, sind wir gerne nachgekommen. Für sie war erst mal wichtig, eine Arbeitsstelle zu finden. Ich schlug ihr vor, bei einem größeren Innenarchitekturbüro sich zu bewerben. In und um Stuttgart gibt es mehrere Büros in dieser Branche. Wenn sie später auf diesem Gebiet sattelfest ist, könnte ich mir auch einen Einsatz in unserer GBR vorstellen. Ich dachte dabei auch an eine

Auftragserweiterung. Für unsere Vorhaben wären Inneneinrichtungen eine gute Komplettierung und auch für eine Auftragserweiterung sinnvoll. Ines begann in den nächsten Tagen ihre Bewerbungen zu schreiben. Sie ist eine selbständige, kluge und hübsche junge Frau. Alleine die Auflösung ihrer Wohnung hatte sie schon, mit rechtzeitiger Kündigung und Nachfolgemieter, geregelt. Dem Umzug stand sofern nichts mehr im Wege. Die nötigsten Möbel und Sachen haben wir, mit einem Umzugswagen, ins Gästezimmer unserer Wohnung geschafft. Einen Teil hat der Nachmieter übernommen.

Ines erhielt von zwei Firmen das Angebot für ein Vorstellungsgespräch. Nach Recherchen im Internet haben wir die günstigste Firma, für die erste Vorstellung, gewählt. Mein, in Ines gesetzte Vertrauen, wurde mit der Einstellung als Innenarchitektin, nicht enttäuscht. Noch hat sie 6 Wochen Ferienzeit bis zum Arbeitsbeginn. Da Helene und ich unserer Arbeit nachgingen, ermutigten wir Ines, sich ein Urlaubsziel auszusuchen. Vielleicht kann sie sich mit einer Studienkollegin abstimmen. Ines schien nicht sehr begeistert, äußerte aber einen Versuch zu unternehmen. Da ich mein Arbeitszimmer zu Hause hatte, fing Ines an, sich für meine Unterlagen zu interessieren. Um mich nicht zu stören, drückte ich ihr einige Planungsmappen, verschiedener Objekte, in die Hand und sagte: „Du kannst Dir das mal anschauen." Zumindest blätterte sie in den Unterlagen, ob interessiert oder nicht, weiß ich nicht. In der Mittagspause nahmen wir in einem Schnellrestaurant ein günstiges Essen ein. Ich erinnerte sie an ihren Urlaub und drückte meine Verwunderung aus, warum sie den nicht in Angriff nimmt. Sie schaute mich etwas ungläubig an, bemerkte aber, nach einer Weile, sich darum zu kümmern. Als Helene von der Arbeit kam, nahm ich sie, nach der Liebkosung, zur Seite und erzählte ihr Ines Verhalten. Weiter äußerte ich: „ Vielleicht geht ihr diesmal zusammen einkaufen und kannst dabei auf Ines einwirken, ihren Urlaub besser zu nutzen." Helene war einverstanden und beide Frauen begaben sich auf Einkaufstour. So war ich entlastet und konnte noch einen Teil meiner Arbeit zu Ende bringen. Nach Rückkehr der Damen, sollte mich, für den Abend, ein besonderes Menü erwarten. Es gab:

Vorspeise: Entenbrust mit Rotwein-Schalotten,
Hauptspeise: Kalbsfilet auf Zitronen-Risotto
Nachtisch: Kokos-Panna-Cotta mit Blaubeeren
in Zitronengras-Gelee

Auf meinen erstaunten Gesichtsausdruck bezogen, weihte mich Helene, über ihre Gehaltserhöhung, ein. Nach kurzer Zeit, hat ihre Arbeit dem Betrieb, zu höherem Absatz, verholfen. Ich war stolz auf sie und stellte fest, uns geht es wirklich gut.

Ines hat eine ehemalige Kommilitonin für einen gemeinsamen Urlaub begeistern können. Sicherlich war dafür, Helenes Strategie, die Voraussetzung. Für 2 Wochen nach Italien hatte sie gebucht und schon übermorgen steht dafür der Flieger bereit Die Freundin hat eine andere Flugroute. Sie treffen sich erst im Hotel.

Für die nächsten 2 Wochen können wir unsere Zweisamkeit befreiender ausleben. Sicher wird, so glauben wir, Ines in absehbarer Zeit, eine eigene Wohnung vorziehen. Vielleicht hat sie ja auch bald einen richtigen Freund, dachten wir weiter.

Nach ca. einer Woche rief Ines an und erzählte, nach Helenes Abnehmen des Hörers, dass es ihr gut geht. Wetter, Hotelzimmer, Pool, Strand und Meer sei alles im besten Zustand. Nur die baggernden jungen Männer empfände sie störend. Mit der Freundin verstehe sie sich gut und alle Unternehmungen, wie Orte mit Sehenswürdigkeiten besuchen, Strandaufenthalt, eben ziemlich alles, machen sie gemeinsam. Sie ließ liebe Grüße ausrichten und alles Weitere könne sie ja bald zu Hause berichten. Helene wünschte ihr, auch in meinem Namen, noch einen schönen Aufenthalt und legte den Hörer zurück auf die Station. Ich fasste Helene von hinten um die Hüfte und fragte: „Was machen wir beide Hübschen heute mit dem Rest des Tages?“ Helene drehte sich um, küsste mich und murmelte dabei:“Entweder dies oder noch einen schönen Spaziergang.“ Ich sagte: „ Beides“ und küsste sie erneut. Dann zogen wir uns um und folgten dem zweiten Vorschlag. Hand in Hand, auf Schusters Rappen, genossen wir die frische Luft, in der Nähe liegenden, großzügigen Parkanlage. Den sich hier entwickelten Appetit bändigten wir in einer netten Gaststätte. Jeder Tag ist ein Gewinn für unsere Psyche.

Nach Ines Rückkehr aus dem Urlaub war ich, auf ihr weiteres Verhalten bei uns, gespannt. Ob nun auf Helenes Einwirken oder aus eigenem Antrieb, überraschte sie mit der Erledigung der nötigsten Einkäufe. Sie machte Spaziergänge und besuchte öfters ihre Großeltern. Jedenfalls wusste sie sich zu beschäftigen und brauchte sich nicht zu Hause langweilen.

Die Ferienzeit ging zur Neige und der erste Arbeitstag für Ines stand bevor. Ausgeputzt und etwas aufgeregt machte sie sich, auf den Weg, zu ihrer neuen Firma, auf. Nach ihrer Schilderung, nach dem ersten Arbeitstag, war sie sehr zufrieden. Die Kollegen sind alle sehr nett und es wird ihr genügend Zeit, zum Einarbeiten, eingeräumt. Einen Einrichtungsvorschlag durfte sie schon auf dem PC darstellen.

Es sind wieder einige Wochen vergangen und Ines hat sich gut in ihr neues Kollektiv integriert. Ihre sonst gewohnten Heimgänge dehnte sie, immer öfter, bis in den späten Abend aus. Schließlich erzählte sie Helene, dass sie einen Kollegen näher kennen gelernt hat. Auch habe der eine Wohnung, die sie eventuell mit ihm teilen wird. Ein wenig will sie aber noch warten. An einem Mittwoch war ich unterwegs, um mir Büromaterial zu besorgen. Es war so um die Mittagszeit, da traf ich Ines mit ihrem neuen Freund auf der Straße. Erst schaute sie ein wenig verlegen, dann trat sie vor mir hin und gab mir, wie schon oft, einen Kuss auf die Wange. Zurück, zu ihrem Freund geeilt, meinte ich sein verdutztes Gesicht gesehen zu haben.

Am frühen Morgen, gegen 7,30 Uhr klingelte schon das Telefon. Ich nahm den Hörer ans Ohr und eine Stimme aus dem städtischen Krankenhaus fragte: „Spreche ich mit Harry Klameyke?" „Ja" sagte ich. „Ihre Lebenspartnerin ist schwer-verletzt, durch einen Autounfall, bei uns eingeliefert worden. Wir haben Sie in ein künstliches Koma versetzt und bitten Sie mit der Gesundheitskarte bei uns vorbei zu kommen. Ich merkte nicht einmal, wie mir der Hörer aus der Hand entglitt. Ich war fassungslos und im Moment auch orientierungslos. Es dauerte eine Weile, bis ich begriff, was los ist und wieder handlungsfähig wurde. Ich nahm den Hörer vom Fußboden auf und informierte Ines. Ohne ihre Reaktion abzuwarten, begab ich mich, mit der Gesundheitskarte, auf dem Weg zum Krankenhaus. Endlich gefunden, stand ich vor Helenes Bett. Das Gesicht hatte nur leichte Schrammen zu verzeichnen aber einige Organe, sind nach Rücksprache mit dem behandelten Arzt, das große Problem. Mehrere gebrochene Rippen haben Organschäden zur Folge gehabt. Nach einer Weile kam auch Ines vorbei. Sie schaute verweint auf ihre Mutter. Wir fragten den Arzt, was wir noch tun könnten. Bräuchte sie Sachen? Der Arzt meinte jetzt nicht. Er wolle sich, bei Änderungen des Gesundheitszustandes, sofort melden. Im Moment wird sie für die OP vorbereitet. Wir verließen das Krankenhaus und waren nicht imstande unserer Arbeit nachzugehen. Ines informierte ihren Zustand telefonisch ihrem Betrieb. Beide saßen wir in der Stube still und mit tränenden Augen auf der Couch. Allmählich versuchte ich etwas Hoffnung uns zu machen und sagte: „ Vielleicht verläuft die OP ja erfolgreich. Ich glaube die Lunge und Milz, meinte der Arzt, wären am meisten betroffen." Ines schwieg, kam aber näher und umarmte mich so, als wäre ich ihre letzte Hoffnung. Am kommenden Tag stand ich unausgeschlafen auf und habe ein kleines Frühstück vorbereitet. Ines kam danach und mit einem leise guten Morgen sagend, setzte sie sich zu mir. Wir aßen ein wenig zum Kaffee. Ines machte sich auf den Weg zur Arbeit und ich wartete auf einen Anruf des Arztes. Ich versuchte zu arbeiten, doch die Konzentration ließ mich im Stich. Es ist so schwer zu ertragen, einen liebsten Menschen, so leiden zu sehn. Endlich kam der erwartete Anruf Er informierte mich mit kaum tröstenden Aussagen. Die Operation ist zwar gelungen, doch Restrisiken, was die Funktion der besagten Organe angeht, kann man nicht ausschließen. Helene ist wieder bei Bewusstsein, sei aber zu schwach um einen Besuch zu verkraften. Der Arzt bittet uns, erst nach seiner Zusage, sie zu besuchen. Ich hielt das kaum aus, wieder so ein Tag mit Ungewissheit zu verbringen, kann man nur mit depressiver Stimmung überstehen. Meine einzige Handlung war Ines zu unterrichten. Wieder war ein schwarzer Tag vorbei und der nächste hielt mich nicht mehr zu Hause. Ich ging ins Krankenhaus und gerade zu auf die Station, wo Helene liegt. Kein Arzt, keine Schwester in Sicht. Ich betrat das Krankenzimmer und sah meine schlafende Helene. Ich erfasste leicht ihre Hand und sagte leise: „ Ich bin es." Helene öffnete die Augen, wollte was sagen, aber kein Ton kam heraus. In diesem Moment kam eine Schwester ins Zimmer und führte mich leise auf den Flur. Dann wurde sie lauter und maßregelte mein Verhalten: „Um diese Zeit sind Visiten und keine Besuche erlaubt. Kommen sie nach 2 Stunden wieder und sprechen sie mit dem Arzt." Dennoch fand ich meinen Auftritt angemessen, zumal Helene mein Erscheinen sicher gewollt hat. Der Arzt erzählte mir, dass Helene noch nicht ganz aus der Narkose erwacht wäre und die Sprache dadurch eingeschränkt war. Einen Lungenflügel mussten sie entfernen. Der Andere wurde stabilisiert. Der Riss in der Milz ist operativ geheilt worden. Auch die Leber hat einen leichten Einstich hinnehmen müssen, schränkt aber die Funktion nicht ein.

Nach dieser Mitteilung durfte ich noch mal Helene besuchen. Sie lächelte ein wenig und sagte ganz leise: „Hallo mein Harry Schatz“ Ich nahm wieder ihre Hand in die meine und küsste sie vorsichtig auf die Stirn. Ob es mir gelungen ist, ein freundliches Gesicht aufzusetzen, kann ich nicht behaupten. Mein Versuch sie etwas aufzuheitern, nahm sie gelassen hin. Sie verzog auf einmal das Gesicht und ich ahnte ihre großen Schmerzen. Als es ihr wieder etwas besser ging sagte ich: „Vielleicht ist es besser Du schläfst Dich gesund. Ich komme morgen mit Ines“, drückte noch mal leicht ihre Hand und ging. Zu Hause traf ich mit Ines zusammen und erzählte ihr alles über meinen Klinikaufenthalt. Sie war über die vielen Organschäden sehr bestürzt, sah aber auch, wie ich, einen kleinen Lichtblick am Horizont. Der nächste Tag führte uns beide nachmittags zu Helene. Ines wollte ihre Mutter fast umarmen, nur mein Hinweis, sich vorsichtig zu verhalten, hielt sie zurück. Mir schien Helene heute etwas stabiler vorzufinden. Kann aber auch sein, dass sie sich tapfer darstellt. Nach einigen Wortwechseln merkten wir, wie sie gegen ihre

Schwäche anging. Wir mussten uns verabschieden und den nächsten Tag abwarten. Am kommenden Morgen, Ines war schon unterwegs, meldete sich der Arzt: „ Herr Klameyke, ihre Partnerin hat einen ernsten Rückfall. Ein Organ, wir denken auf Grund der Luftknappheit beim Atmen, die Lunge nicht richtig arbeitet. Wir bitten Sie, bevor wir zur erneuten OP schreiten, ihre Partnerin noch mal zu besuchen. Kommen sie möglichst gleich." So schnell ich konnte war ich bei Helene. Sie röchelte und sah gar nicht gut aus. Sie sprach ganz leise, stockend und bat mich nur zuzuhören: „ Harry mit mir geht es zu Ende. Unser schönes Leben sollte sich wohl nicht vollenden. Ich bitte Dich nur um eins, halte Ines fest. Mir ist lange schon aufgefallen, dass sie Dich auch liebt. Jetzt kann ich loslassen. Bitte Harry kümmere Dich um Ines, sie ist doch ein Teil von mir. Mir wird jetzt schwarz vor Au..."

Ich glaubte sie war ohnmächtig und ließ über die Schwester den Arzt holen. Er stellte bereits den Tot fest. Ich lehnte an der Wand des Zimmers und musste ob ich wollte oder nicht, laut weinen. Ein unsagbarer Schmerz durchfuhr mich und ich war nicht Imstande, dem Arzt eine Frage zu stellen, geschweige eine Antwort zu geben. Wie traumatisiert verließ ich das Krankenhaus. Ich weiß nicht mal, wie ich zu Hause angekommen war. Es muss eine Zeit vergangen sein, bis ich imstande war, Ines diese traurige Mitteilung machen zu können. Ich rief sie an und bat sie nach Hause zu kommen. Sie fragte nicht warum, legte gleich den Hörer auf. Kurz danach war sie zu Hause, sah meine trübselige Verfassung und fing laut an zu weinen, dass allmählich in schlucksen überging. Dann trat längere Zeit komplette Stille ein. Ines fand zuerst die Sprache wieder und fragte: „Wie ist das passiert und warum?" Monoton erzählte ich den Ablauf des traurigen Geschehens.

Der nächste Tag, ein wenig gefasster, kümmerte ich mich um die Trauerangelegenheiten. Ein Bestattungsinstitut wurde für eine Urnenbeisetzung beauftragt. Mit Ines Hilfe wurden alle in Frage kommenden Personen informiert. Auf eine Trauerrede haben wir verzichtet. Dezente Musik mit Inspiration zum Gedenken an Helene, fanden Ines und ich angemessen. Am Beisetzungstag kamen mehr Leute als gedacht. Neben Helenes Eltern kamen auch Ihr Exmann mit seinen Eltern und Helenes gesamte Betriebsbelegschaft. Beim anschließenden Dinner sprachen mich noch Helenes Eltern an und fragten nach meinem Befinden und wie ich mit Helene das Auskommen hatte. Ich sagte: „ Wir hatten den Himmel auf Erden und jetzt ist der mit Helene verschwunden. Nach der Verabschiedung aller Trauergäste ging ich mit Ines nach Hause. Bedrückt und wenig unterhaltsam verbrachten wir den Abend. Die ständigen Gedanken an Helene konnte ich nicht abschütteln und besonders ihre letzten Worte bereiteten mir irgendwie

Sorgen. Ich mochte Ines sehr, aber mit ihr zusammen leben, konnte ich mir nicht vorstellen. Ich hoffte, dass sie mit ihrem Freund zusammen glücklich wird. Einige Wochen vergingen, doch Ines hat es bisher vorgezogen in unserer Wohnung zu verbleiben. Ich brauchte eine Veränderung und fasste den Entschluss wieder nach Schwerin zurückzukehren. Ich sprach darüber mit Ines und sah ihr die Enttäuschung an. Mein Angebot, immer für sie, wenn Probleme auftauchen oder Hilfe benötigt wird, für sie dazu sein, beruhigte sie nicht. Ich sagte: „Du wolltest doch zu deinem Freund ziehen und alleine möchte ich in der großen Wohnung nicht bleiben. Wie Du weißt, habe ich Kinder und eine Enkelin, die ich nicht vernachlässigen möchte. Du, liebe Ines, liegst mir auch am Herzen. Ich hatte Dir doch ein Angebot gemacht."

Am nächsten Tag kam Ines nicht nach Hause. Sie rief mich an und teilte mir mit, bei dem Freund zu übernachten. Innerhalb der nächsten 2 Tage holte sie, nach und nach, ihre Sachen aus der Wohnung. Ich fuhr inzwischen nach Schwerin und wollte die Lage prüfen. Marie war zu Hause und sah mich nach der Begrüßung fragend an. Ich erzählte Ihr meine Situation und machte Andeutungen, wieder mein Zimmer in Anspruch zu nehmen. Die jetzt anstehende Scheidung könnten wir, auch aus Kostengründen, zurückziehen. Marie wollte das noch einmal überdenken. Nach kurzer Zeit kamen wir überein, den alten Zustand wieder einzunehmen. Sicher, war auch für Marie die Teilung der laufenden Kosten, eine Entlastung.

Ich schaute noch im Betrieb vorbei und teilte meinen Entschluss auch meinen Partnern mit. Meinen Arbeitsplatz belegte jetzt ein Praktikant. Übergangsweise hatte ich ja die Möglichkeit, zu Hause zu arbeiten.

Ich fuhr wieder nach Stuttgart und kümmerte mich um die Auflösung der Wohnung. Die Möbel und Unterlagen in meinem Arbeitszimmer, ließ ich, über einen Kleitransporter zur Wohnung in Schwerin, schaffen. Alle anderen Zimmer musste ich mit Ines klären. Als sie nach meinem Anruf erschien, unterbreitete ich ihr meinen Vorschlag, die Wohnung mit dem Freund zu übernehmen. Die komplette Einrichtung käme ihnen doch auch zugute. Sie sah mich mit feuchten Augen an, nickte bejahend mit dem Kopf und machte sich auf den Weg zum Freund. Ich spürte natürlich ihren emotionalen Zustand, wollte aber meinen Entschluss nicht aufweichen. Etwas später rief sie mich an und teilte mir mit, die Wohnung zu übernehmen. Ich verabschiedete mich am Telefon von ihr, wünschte ihr alles Gute, auch, dass sie mich jederzeit kontaktieren kann. Dann trat ich meine Heimreise an.

Mein altes Leben kehrte zurück. Ich richtete meinen Raum wieder als Schlaf- und Arbeitszimmer ein. Die Tagesabläufe ähnelten denen, wie vor einem Jahr. Ausnahme bildeten meine Gedanken an die schöne Zeit mit Helene. Sie hat mir das gegeben, was mein Herz für immer berührt.

Mein Sohn Maik hat inzwischen eine eigene Wohnung, mit der jetzt Verlobten, bezogen. Der zusätzlich gewonnene Raum, kann nun als Gästezimmer genutzt werden. Feierlichkeiten, wie z. B. Geburtstage, auch der Kinder oder Feiertage allgemein, wurden meistens in unserer Wohnung durchgeführt. Es war sozusagen der günstigste Sammelpunkt für alle. In den letzten 2 Jahren haben beide Kinder geheiratet. Auch mein Sohn ist jetzt Vater eines kleinen Jungen namens Ralf. Meine Enkelin Amelie, ist nun im drolligen Alter, öfters bei uns zu Besuch. Die Kleine ist meine schönste Abwechslung. Mit ihr zu spielen, ihre Neugier zu befriedigen und vieles mehr, machen mich wieder etwas glücklich. Mit Ines habe ich den Kontakt nicht abgebrochen. Meine Erkundigungen, wie es ihr geht, beantwortet sie immer mit gut, doch ihre Tonlage lässt mich was anderes vermuten.

Eine Anlaufberatung, für ein Vorhaben in Augsburg, machte für mich eine erneute Dienstreise erforderlich. Auf der Rückreise besuchte ich Helenes Grabstelle, wo mich die Gefühle überwältigten und die Tränen sich nicht aufhalten ließen. Ich brauchte eine Weile bis ich imstande war, Ines anzurufen. Sie machte einen erfreuten Eindruck und wir machten einen Treffpunkt aus. Vor einer Gaststätte wartete ich auf Sie. Ich sah gerade Ines um die Ecke kommen, hätte auch Helene sein können, denn Aussehen und Gangart, ähnelten sich sehr. Wir umarmten uns und betraten den Gastraum. Nach dem Platznehmen schauten wir uns an und meinten uns kaum verändert zu haben. Nach der Bestellung beim Kellner, stellten wir beide interessierte aber zugleich heikle Fragen. Ines bemühte sich, nach meiner Scheidung etwas zu erfahren. Ich fragte nach der Beziehung zu Ihrem Freund nach. Meine Antwort, mein Leben nach altem Muster wieder aufgenommen zu haben, quittierte sie mit fragendem Blick. Ich ergänzte, meine platonische Beziehung mit Marie, nicht geändert zu haben. Ines beschrieb ihren Lebenspartner als freundlichen Mann, der trotz ihrer hin und wieder schlechten Laune, alles für sie tut. Ein Kind habe sie nicht. Ich Fragte: Möchtest Du keine Kinder?" „Doch" meinte sie, mir fehlt der richtige Partner. Das war nun sehr direkt ausgedrückt. Ich spürte die Gefahr einer zu großen Annäherung und versuchte wieder, durch väterliche Liebe zu ihr sagend, eine Distanz zu schaffen. Ines machte ein totunglückliches Gesicht und sagte im weinerlichen Ton: „Ich kann nichts dafür, dass ich Dich liebe." Ich dachte an Helenes Worte und wurde mir immer unschlüssiger. Allein der Satz, sie ist doch ein Teil von mir, machte mir eine Entscheidung nicht leicht. Ich sah ihr in die Augen, nahm ihre beiden Hände in die Meinen und versuchte sie, auf diese Art, zu trösten. Ines Blick ähnelte immer mehr Helenes und die Gefühle fingen an sich zu regen. Sie spürte wohl meine Veränderung und traute sich folgendes zu sagen: „ Harry, wenn Du was für mich empfindest, dann mach mir ein Geschenk, das mich immer mit Dir verbindet. Ich möchte ein Kind von Dir! Mit einem Kind könnte ich ohne Mann leben und hätte das Gefühl, das es aus Liebe gezeugt wurde."

Ich wusste nicht, wie ich darauf reagieren sollte. Hin und her gerissen äußerte ich: „Bitte Ines, das muss ich erst mal verarbeiten. Du sollst wissen, dass ich Dich sehr mag, aber dieser Schritt will durchdacht sein. Es tut mir leid, Dich unglücklich zu sehen." Nach der Bezahlung beim Kellner verließen wir die Gaststätte. Ich umarmte sie zum Abschied und sagte: „Ich melde mich bald."

Maiks Ehe scheint aus dem Ruder zu laufen. Gegenseitige Vorwürfe vorzierten den Streit und Trennungsgedanken waren die Folge. Maik zog vorübergehend wieder bei uns ein. Marie hatte einen alleinigen Urlaub in die Türkei gebucht. Ich fragte Maik, ob wir uns nicht auch ein paar freie Tage gönnen und eine Autoreise nach Süddeutschland unternehmen wollen. Er war einverstanden, musste aber noch Rücksprache mit seinem Betrieb halten. Eine Woche Später fuhren wir zum

Bodensee. In Lindau angekommen, wollten wir den ersten Tag entspannen. Nachdem wir in einem Hotel die Formalitäten geklärt hatten, bummelten wir durch das Städtchen. In den nächsten Tagen machten wir eine Bootsfahrt auf dem Bodensee, Fuhren mit dem Auto zur Blumeninsel Mainau, besuchten Garmisch Partenkirchen und ließen uns Flachtiroler, von der Bergwelt beeindrucken. Die Rückreise führte, durch meinen Vorschlag, über Stuttgart. Zuvor rief ich Ines an und vereinbarte einen Treffpunkt. Als sie uns beide sah, wurden die letzten Schritte langsamer und mit: „ Hallo Harry, Du hast ja Deinen Sohn mitgebracht!“ erfolgte die Begrüßung. „Woher weißt Du das?“ fragte ich. „Der ist Dir doch wie aus dem Gesicht geschnitten,“ setzte sie fort und reichte Maik die Hand. Erst dann erhielt ich den gewohnten Kuss auf die Wange. Maik war verblüfft und staunte über seinen Vater, was für schöne Frauen er so kennt. Ines noch etwas unschlüssig, bemerkte dann aber: „Wir können ja in meiner Wohnung einen Kaffee zusammen trinken.“Gut“ sagte ich und setzte fort: „ Ich kaufe uns noch einen Kuchen dazu.“ Später, in der Wohnung, staunte Maik nicht schlecht, über die große und sehr geschmackvolle Einrichtung. Meine Anfrage an Ines bezügliches ihres Freundes, beantwortete sie mit sich getrennt zu haben. Außerdem sollte ich ja den Grund mir denken können. Maik verstand nichts, wie auch. Er hielt sich dezent zurück. Ines lotste mich mit: „ Harry komm mal mit, ich muss Dir mal was zeigen," in ein anderes Zimmer. Jetzt stellte sie mir die noch offene Frage. Ich antwortete: „ Ines, ich bin noch nicht so weit. Lass uns heute nicht mehr darüber sprechen." „Gut, dann gehen wir wieder in die Wohnstube", bemerkte sie ohne Groll und sprach Maik an: „ Na wie geht es Dir denn als Junior oder wie soll ich Dich nennen?" „Ich heiße Maik und habe mit meinem Vater ein paar schöne Urlaubstage. Bis auf das Problem meiner Scheidung, geht es mir gut." Ines sagte: „ Das scheint ein Phänomen in unseren Familien zu sein." Maik, begeistert von Ines, traute sich jetzt mehr zu. Erst ein kleiner Seitenblick zu seinem Vatergewendet, dann wieder auf Ines gerichtet, sagte er: „Du könntest uns doch mal in Schwerin besuchen. Jetzt im Sommer ist auch die Ostsee eine willkommende Abwechslung." Ines schaute uns beide an und bat sich eine Bedenkzeit aus. Nach weiteren, zum Teil sich kennenlernenden Gesprächen und gemundeten Kuchen und Kaffee, verabschiedeten wir uns von Ines. Ich wollte sie wieder in die Armee nehmen, doch sie entzog sich, gab mir aber blitzschnell ein Küsschen auf die Wange. Maik schaute sie etwas länger in die Augen und sagte: „ Ich werde wohl deine Einladung annehmen." Maiks Augen leuchteten und die Rückfahrt fiel ihm jetzt viel leichter. Ich, für meinen Teil, hoffte auf eine positive Entwicklung dieser Beiden. Auch könnte ich mir vorstellen mit Ines besseren Kontakt zu haben und durch ihre Erscheinung, die Erinnerung an Helene lebendiger wahrzunehmen.

Zu Hause angekommen, hatte uns der Alltag wieder im Griff. Während wir unserer Arbeit nachgingen, war Marie noch im Urlaub. Ines meldete sich und teilte mit, in einer Woche uns zu besuchen. Maik war sofort Feuer und Flamme, wollte aber wissen, wie lange sie bleiben kann. Möglicherweise müsste er einen großen Teil seines Jahresurlaubs nehmen. Er rief Ines zurück und erfuhr, dass sie für eine Woche geplant hat. Seine Überlegung, dass bis September noch 3 Wochen verbleiben, dann seine Meisterschule wieder beginnt und weiterer Urlaub kaum möglich sein wird, veranlasst ihn zu dieser Frage:„ Ines könntest Du auch länger bleiben?“„Als Option ja, hängt natürlich davon ab, ob es mir bei Euch gefällt.“ erwiderte Ines. Darauf Maik: „ Schön, ich freue mich auf Dich, dann bis bald.“ Ich saß in der Nähe und freute mich zu dem mitgehöhrten Gespräch. Einen Plan entwerfen und gewisse Vorbereitungen treffen, musste jetzt ins Auge gefasst werden. Unstrittig war, dass das Gästezimmer für Ines hergerichtet wird. Maik müsste auf dem Liegesofa im Wohnzimmer oder in meinem Zimmer das Feldbett aufgestellt werden. Auf jeden Fall waren Lösungsansätze vorhanden. Maik meinte: „Einen Teil der Zeit könnten wir in einem Hotel, an der Ostsee, verbringen. Auf jeden Fall sollten 2 Zimmer reichen, egal welche Konstellation sich ergeben wird.“ Ich war der Meinung, dass Maik alleine mit Ines diesen Kurztrip unternimmt. Mal abwarten, wie Ines reagiert. Auf Grund eines von mir geplanten Hotels in Kühlungsborn, hatte ich Kontakt zu einem Hotelier und konnte die Buchung sicherstellen. Maik hat, mit Einverständnis seines Betriebes, bis Ende August, seinen Urlaub geplant.

Nach einigen Tagen kehrte Marie aus ihrem Urlaub zurück. Einfache Fragen, wie war das Wetter, das Essen und ähnliches, beantwortete sie mit „sehr gut“. Weitere Details wurden nicht erörtert und sollten auch ihr Geheimnis bleiben. Ich erzählte ihr von dem bevorstehenden Besuch und auch von der Annäherung Ines mit Maik. Marie reagierte sehr gelassen.Tags darauf traf Ines mit dem Zug in Schwerin ein. Maik holte sie mit dem Auto vom Bahnhof ab. Als beide in unsere Wohnung eintraten, merkte ich Ines an, sich nicht richtig wohl zu fühlen. Freundlich aber zurückhaltend begrüßte sie Marie und mich dann mit einem fragenden Blick. Den von Marie angebotenen Kaffee nahm Ines dankend an. Wir nahmen in der Wohnstube Platz und um keine merkwürdige Stimmung aufkommen zu lassen, weihte ich Ines über unseren Plan ein. Den aber nahm Ines ohne Kommentar entgegen. Sie sah mich nur fast traurig an. Ich spürte ihr Verlangen, mich alleine zu sprechen. Ich erfasste ihre Hand und sagte: „Komm Ines, ich zeige Dir Dein Zimmer.“ Maik im

Glauben, das wäre seine Aufgabe, hielt sich zurück. In Ihrem, für sie vorbereitetem, Zimmer angekommen, fiel sie mir um den Hals und sagte im weinerlichen Ton ganz leise: „Harry, ich liebe nur Dich.“ Sie löste sich wieder von mir und setzte fort: „Ich möchte euren Haussegen nicht stören und werde morgen früh wieder nach Hause fahren. Maik ist ein netter junger Mann. Wenn ich Dich nicht kennen gelernt hätte, wäre vielleicht, mit ihm, eine Beziehung möglich gewesen.“ Meine Vorstellung, auch gegenüber Helene, ihrer Bitte, mich um Ines zu kümmern, über Maik geklärt zu haben, erfüllte sich nicht. Ich mag Ines sehr aber ich wollte ihr einen jüngeren Partner, mit dem sie länger glücklich leben könnte, gönnen. Ich erwiderte: „Ines bleib doch wenigstens noch ein paar Tage hier. Wir können ja gemeinsam an den Strand fahren und mit Maik dann die Situation aufklären.“ „ Nein Harry“, sagte Ines und weiter: „Ich rede alleine mit Maik und hoffe auf eine gütliche Regelung. Danach entscheide ich, ob ich noch bleibe.“ Wir begaben uns wieder ins Wohnzimmer. Maiks Gesichtsausdruck ließ eine für ihn unangenehme Vorahnung vermuten. Um das Spannungsfeld ein Ende zu setzen, forderte Ines Maik zu einem Vieraugengespräch auf. Etwas niedergeschlagen, aber nicht so schlimm wie ich dachte, hat er unbeschadet Ines Ausführungen überstanden. Sein anschließender Spaziergang hat ihm das Verarbeiten erleichtert. Marie hat sich abgewendet und schaute Fernsehen. Auch Ines und ich nutzten einen Spaziergang für eine Aussprache. Ich fragte: „Wie hast Du Dich entschieden“? Noch gar nicht, einmal wäre ich doch mal gerne, allerdings mit Dir alleine, an den Strand gefahren“, bemerkte Ines. Mein zögern unterbrach sie mit den Worten: „Harry, hier bei Deiner Familie, verstehe ich die Zurückhaltung. Ich fahre morgen früh nach Hause. Was ich Dir noch sagen wollte, Deine Frau Marie ist wirklich eine attraktive Dame, bestimmt nicht leicht sie loszulassen.“ Ich sagte: „Deine Mutter hat es möglich gemacht.“ Am nächsten Morgen brachte ich sie zum Bahnhof. Wir sahen uns beim Abschied in die Augen und Helenes Bild spiegelte sich in ihrem Gesicht. Unsere Lippen berührten sich wie von alleine und ein sehnsüchtiger, langer Kuss, glaubte ich, erleichtere den Abschied. Ines, noch vom Kuss träumend, änderte plötzlich ihre Reiseabsicht und flüsterte mir ins Ohr: „Harry, was hältst Du von einer gemeinsamen Nacht? Ich spüre, dass auch Du Gefühle für mich empfindest und möchte Dich auch an meinen Wunsch erinnern“. Im Moment selbst von der Liebe übermannt, wollte ich keinem klaren Gedanken nachgehen, sondern sagte: „Lass uns ein Hotelzimmer aufsuchen“. Etwas außerhalb von Schwerin wurden wir fündig. Kaum hatten wir im Hotelzimmer die Tür geschlossen, war die Leidenschaft und Liebeslust nicht mehr zu bremsen. Auch wenn sie es nicht war, spürte ich die gleichen Gefühle, wie bei Helene und bildete mir ein, sie könnte es sein. Ich war sozusagen ein Gefangener beider Frauen. Abends saßen wir in der Hotelgaststätte und unterhielten uns, bei Speis und Trank über unsere mögliche Zukunft. Mir viel ein alter Gedanke ein. Schon einmal hatte ich die Vorstellung, mit Ines ein gemeinsames  Büro zu betreiben. Wir sprachen darüber und wollten, in absehbarer Zeit, diese Möglichkeit in Erwägung ziehen. Zuvor sollte Ines noch ein wenig Praxiserfahrung in ihrem Büro sammeln, war ich der Meinung. Wir brauchten  erst mal einen angemessenen  Abstand, um nicht alles im Galopp zu entscheiden. Auch die nötige Zeit, innerhalb meiner Familie alles abzuklären, geht nicht alles von heut auf morgen. Also hielten wir fest, uns telefonisch immer auszutauschen. Es wurde langsam spät und wir begaben uns zur Nachtruhe. Eine weitere leidenschaftliche Liebesaktion, brachte uns in einen gesunden Schlaf. Morgens, nach dem gemeinsamen Frühstück, brachte ich Ines zum Bahnhof und verabschiedete sie mit einem langen Kuss. Etwas traurig  aber glücklich winkte sie aus dem Fenster. Erst als der Zug im Bogen verschwand, ließ ich meine Hand sinken. Meine Bedenken, gegenüber Helene, sind so gut wie zerstreut. Es war ihr Wunsch, mich um Ines zu kümmern. Das tat ich und war sogar befriedigt, diesem Wunsch entsprochen zu haben. Auch mein tristes Leben neben Marie, muss man sich nicht antun. Ich werde sie immer achten und meine Kinder können,  meiner Liebe zu ihnen, gewiss sein.

Wieder im Büro gelandet, war ich nicht mehr, mit vollem Einsatz, bei der Sache. Ich grübelte über die Zukunft mit Ines nach und entwickelte, in den nächsten Tagen, einen möglichen Plan. Ines ist jetzt ganz alleine auf sich gestellt. Ihre Großeltern sind kürzlich ins Pflegeheim gekommen und ihr einziger verwandtschaftlicher Anlaufpunkt. Bei meinem nächsten Telefonat informierte ich Ines über meinen Plan. Ich erzählte: „Hallo mein Schatz, ich habe über uns neu nachgedacht. Ich könnte nach allen Regelungen, die ich hier noch zu treffen habe, zu Dir ziehen. In meinem Betrieb werde ich kündigen, aber wie ein freier Mitarbeiter als Nachauftragnehmer fungieren. Später könnte ich mir ein Häuschen in Kühlungsborn, an der Ostseeküste, für unsere Zukunft vorstellen. Wir könnten ein gemeinsames Büro gründen und auch die Nähe zu meinen Kindern wäre gegeben. Was hältst Du davon“? „Hört sich gut an“ erwiderte Ines und fuhr fort: „Komm erst mal zu mir, dann können wir in Ruhe über alles sprechen.“ Meine Antwort: „So machen wir das. Ich melde mich bald wieder. Ich liebe Dich.“ Ines darauf: „Ich Dich auch“.

Am nächsten Tag teilte ich meinen Ausstieg aus der Gesellschaft mit Die Option, als Nachauftragnehmer die Tür offen zu halten, ist man gefolgt. Marie nahm, wie immer alles kommentarlos hin. Von Maik erfuhr ich, dass sie sich um eine kleinere Wohnung bemüht. Er selber ist wieder bei seiner

Familie eingezogen. Sie wollen es noch einmal versuchen und eventuell die Scheidung rückgängig machen. Da ich Kontakte zu Wohnungsunternehmen hatte, half ich Marie zu einer, für sie, angemessenen Wohnung. Es klappte im gleichen Aufgang durch einen Tausch. Ich half ihr beim Umräumen und beorderte einen kleinen Umzugswagen für mein Inventar. Beim Abschied wünsche ich Marie alles Gute und umarmte sie noch einmal. Während dieser Nähe, kam wieder die Frage auf, warum kannst du nicht lieben?

Meine Fahrt nach Stuttgart musste ich mit dem Fahrer des Umzugswagens  koordinieren. Ich traf, trotz langer Fahrt, rechtzeitig ein und begrüßte Ines mit einem zärtlichen Kuss. Mein Zimmer war noch unmöbliert und bot sich zum Einrichten an. Während ich auf den Umzugswagen wartete, hatte Ines noch einige Besorgungen zu erledigen. Nach ca. einer Stunde stand der Fahrer meiner Möbel mit Zubehör, vor der Haustür. Mit seiner Hilfe  war das gesamte Inventar, zügig in meinem Arbeitszimmer, untergebracht. Nach der Bezahlung bedankte sich der Fahrer und verabschiedete sich. Ines kam zurück und war über diese schnelle Erledigung erstaunt. Sie hatte vor, den „Möbelpackern" etwas anzubieten. Nach meiner Erklärung, dass  das ja nur ein kleiner  Umzug war und die Hilfe des Fahrers, völlig ausreichte, erkannte sie ihre Überschätzung. Es war bereits abends und wir machten uns an das reichliche Menü, das Ines zuvor besorgt hatte. Den Abend ließen wir, mit einer Flasche Wein und dem Austausch von Zärtlichkeiten, ausklingen. Nach dem Frühstück, des folgenden Morgens, war Ines bereits auf dem Weg zur Arbeit. Ich hatte genügend Zeit mein Arbeitszimmer einzurichten. Zwei, von mir in Arbeit befindliche Objekte, konnte ich vertraglich, aus der Gesellschaft herauslösen. So hatte ich die Möglichkeit gleich wieder meiner Arbeit nachzugehen. Meine Auftraggeber wurden natürlich über diese Änderung informiert. Nach ca. einem Monat erklärte mir Ines freude-strahlend, sie sei schwanger. Obwohl ich damit rechnen musste, hielt sich meine Freude in Grenzen. Ein aufgesetztes lächeln hielt ich für ausreichend. Bis zur Geburt waren noch knapp sieben Monate abzuwarten. Genügend Zeit für Ines, noch einiges Wissen aus ihrem Betrieb mit zu nehmen. Mit einem späteren Umzug an die Ostsee, hat sie sich allmählich angefreundet. Ihr Großvater ist inzwischen verstorben und die Großmutter an Alzheimer erkrankt. Mehrere Heimbesuche quittierte sie mit: „ Warum besucht Ihr mich nicht“. Nach zwei weiteren Monaten wurde sie erlöst und neben Ihrem Mann bestattet. Alle Urnengräber, einschließlich Helenes, gaben wir in gärtnerische Pflege.

Mein Interesse galt nun, einen günstigen Bauplatz oder ein fertiges Haus, in gutem Zustand, anzustreben. Lieber wäre mir ein Bauplatz, mit eigenen Planungsvorgaben, für ein Haus. Aber auch ein Standort kann entscheidende Wirkung haben. Unsere Spareinlagen wurden in den nächsten Monaten durch Disziplin aufgestockt. Dank der Forschung im Internet und der folgenden Korrespondenz mit dem Bauamtsleiter in Kühlungsborn, konnte ein Bauplatz angeboten werden. Auch eine kleine, sanierungsbedürftige Villa im Promenadenbereich, aber sehr kostenträchtig, stand zur Auswahl. Meine nächste Dienstreise nach Rostock wollte ich mit dem Besuch, beim Bauamtsleiter in Kühlungsborn, verbinden. Ich stimmte mit Ines mein Vorhaben ab und machte mich mit dem Auto auf die Reise. Nach einer Baustellenberatung in Rostock, traf ich am nächsten Tag in Kühlungsborn ein. Der Bauamtsleiter zeigte mir seine Angebote. Der Bauplatz lag etwas abseits, d.h. mehr im Hinterland zur Ostsee. Die Vorteile lagen im weniger frequentiertem Bereich der Urlauber und freien Auswahl der Hausgestaltung. Die Villa hingegen stand in unmittelbarer Nähe zum Strand, forderte aber hinreichende Rekonstruktionsmaßnahmen heraus. Ich machte von allen meinen Beobachtungen Aufnahmen und wollte mich erst, in Abstimmung mit Ines, entscheiden. Ich versprach dem Bauamtsleiter, ihm kurzfristig unsere Entscheidung mitzuteilen. Wieder in Stuttgart angekommen, begrüßte mich Ines, als wäre ich 3 Wochen verschollen gewesen. Ich spürte ihre Liebe zu mir und erwiderte meine zu ihr. Wir sahen uns meine

Aufnahmen am Fernseher an und wogen beide Varianten ab. Eine grobe Kostenschätzung, konnte ich, auf Grund meiner Erfahrung, schell erstellen. Alle Planungsleistungen würde man selbst tätigen und in Folge Kosten sparen. Sowohl der Neubau, als auch die Villa, liegen preislich annähernd gleich. Durch unser gutes Sparpotential, wäre auch die Kreditaufnahme keine große Herausforderung. Also lag die Entscheidung außerhalb der Finanzen.

Ines machte mich, nach weiterer Überlegung, auf die große Herausforderung, die auch im Hinblick meines fortgeschrittenen Alters und der baldigen Geburt unseres Kindes, unser Leben zu sehr strapazieren könnte, aufmerksam. Eigentlich hatte sie recht. Für ein schönes Zusammenleben ist Stress kein guter Begleiter. In mich gekehrt, suchte ich nach einer alternativen Lösung. „Eine geräumige Eigentumswohnung täte uns auch gut“, schlussfolgerte ich, an Ines gewandt. „Guter Gedanke, wenn sie geräumig ist und unseren Ansprüchen gerecht wird, sollte sich diese Variante durchsetzten“, meinte Ines. Unsere Entscheidung ließ ich dem Bauamtsleiter zukommen und schloss die Frage an, ob er eine Aussage über unsere neue Vorstellung machen kann. Mit seiner Rückmeldung erfuhren wir die Telefonnummern mehrerer Immobilienmakler. Nach Recherchen im Internet standen mehrere 5 Zimmerwohnungen in Top Lage und mit

Ostseenähe, zur Auswahl. Ein Neubau im Obergeschoss, mit bester Ausstattung, (Fahrstuhlbetrieb, 5 Zimmer, Küche und zusätzliche Pantryküche für Gäste, 2 Bäder, 1 Gäste WC, großer Balkon und eine Doppelgarage) fand unser Interesse. Der Kaufpreis liegt annähernd in Höhe eines Einfamilienhauses. Mit Ines, auf einer Wellenlänge, wollten wir uns vor Ort informieren und möglicher Weise die Wohnung sicher anlegen. Auch das Umfeld, wie Kinderkrippe, Kindergarten, Schule, ärztliche Versorgung, Sport und Unterhaltungsangebote, sollten in Erfahrung gebracht werden. Glücklich über die neue Entscheidung, die uns viel Arbeit und Stress vom Hals hält, fuhren wir mit dem Auto zur Ostsee. Ines Zustand ließ das noch zu. Der Makler zeigte uns das Objekt und die Wohnung. Wie schon auf dem PC betrachtet, war die direkte Augenscheinwahrnehmung noch überzeugender. Große Zimmer, sowie die Ausstattung nach neuesten Standdarts, ließen Träume Wirklichkeit werden. Danach folgten wir dem Makler in seinem Büro. Hier machten wir Nägel mit Köpfen und unterschrieben den Kaufvertrag. Einer 20 prozentigen Anzahlung kam ich nach. Im Restaurant des bestellten Hotels, aßen wir zu Abend. Anschließend schliefen wir müde, aber glücklich ein.

In Stuttgart angekommen, widmeten wir uns wieder unserer Arbeit. Ines hat im Betrieb schon die Kündigung eingereicht, d.h. in ca. 3 Wochen, noch Monate vor der Geburt des Kindes, wollten wir den Umzug in die Wege leiten. Wir beauftragten ein großes Umzugsunternehmen und bereiteten das Inventar in Behältern vor. Es nahte der Abschied aus Stuttgart und mit ein wenig Wehmut hatte Ines dabei zu kämpfen. Ins Ohr flüsterte sie mir: „Harry, wenn es auch nicht leicht fällt, aber mit Dir gehe ich überall hin". Wir küssten uns und der Motor des Autos machte sich für die Reise bemerkbar. Noch vor dem Möbeltransporter erreichten wir, nach langer Fahrt, unser neues Heim. Ich begab mich gleich zum Makler und holte die erforderlichen Schlüssel ab. Die Bezahlung des kompletten Preises war bereits mittels einer Überweisung getätigt. Einige Dinge, wie Kühltaschen mit Essbarem und allgemeine Unterlagen, die wir mit dem Auto mit führten, brachten wir erst einmal in die Wohnung. Der neue, bereits intakte Kühlschrank, wurde gleich aufgefüllt. Nach ca. einer Stunde hielt der Möbelwagen vor der Haustür. 5 junge Männer sorgten für einen zügigen Transport aller Gegenstände, bis zu den von uns angewiesenen Örtlichkeiten, in der Wohnung. Nach einem kleinen Imbiss verabschiedeten sie sich.

Bis auf 2 Räume trafen sie gestalterischen, teils gemalten und teils tapezierten Räume unseren Vorstellungen. Wohn – und Kinderzimmer sollten sich noch einem neuen Outfit unterziehen. Das Einräumen konzentrierte sich folglich auf die restlichen Räume. Nach ca. einer Woche war die ganze Wohnung in einem ordentlichen Zustand versetzt. Abgespannt aber glücklich saßen wir auf der Couch. Ines streichelte meine Wangen. Ich führte beide Hände an ihren Kopf und zog sie, für einen langen Kuss, an mich. Nach der Ausruhphase machte ich mit Ines einen Spaziergang, um ihr Kühlungsborn etwas näher zu bringen. Die schönen Villen, Erlebnisbereiche, Strand und Wasser, beeindruckten sie sehr.

Die Schwangerschaft hat allmählich die Endstufe erreicht. Immer häufigere Wehen veranlassten mich, einen Rettungswagen aus Rostock anzufordern. Kaum hat man Ines in die Entbindungsstation gebracht, musste sofort gehandelt werden. Ein gesunder Junge kam schreiend zur Welt. Fast zeitnah erreichte ich mit dem Auto das Krankenhaus und fand Ines noch ermattet aber mit glücklicher Miene und dem kleinen Sohn Axel, neben sich liegend, vor. Ich beglückwünschte Ines mit einem Kuss und freute mich über unseren Axel. Nach ein paar Tagen war unsere vergrößerte Familie zusammen in der neuen Wohnung. Jetzt begann die Zeit, die mir schon vor 30 Jahren vertraut war. Man kommt sich vor, selbst wieder jung geworden zu sein. Ich werde es merken, ob mein Nervenkostüm, die unruhigen Nächte, noch übersteht. Ines war jetzt mit dem Kleinen Axel ausgelastet. Ich versuchte, in meinem neuen Büroraum, die angefangene Arbeit weiterzuführen.

Einiges blieb auf der Strecke und musste jetzt aufgeholt werden. Vertraglich gebundene Termine dulden keinen Aufschub.

Während eines Spazierganges mit Ines und Axel im Kinderwagen, hielten wir an einem Laden mit Kindersachen. Ines kaufte noch Windeln und einige Babysachen. Da ich schon mit dem Portemonnaie in der Hand dastand, meinte die Verkäuferin mit Blick auf den Kinderwagen: „Das ist ja nett vom Opa, die Bezahlung vorzunehmen“. Ines grinste, sagte aber nichts dazu. Ich dachte, man kann sich ja jung fühlen aber das Erscheinungsbild holt einem in die Wirklichkeit zurück. Leute, die uns öfters sehen, werden sich so einige Gedanken machen. Die meisten sind aber Urlaueber, also ein Kommen und Gehen. In einem Supermarkt kauften wir noch allerlei Waren, für den Verzehr der nächsten Tage, ein. Bei schönem Spätsommerwetter ließen wir es uns auf dem Balkon, bei einer Flasche Wein, gutgehen. Den Blick auf die Ostsee konnten wir durch gelichtete Bäume werfen. Unser kleine Sohn Axel nervte nur selten und so konnte ein schöner Tag zufrieden sein Ende finden.

Meine Kinder und sicher auch Marie, wunderten sich wohl sehr über meine neue Beziehung. Wenn sie auch Kenntnis von meinem Schicksalsschlag hatten, konnten sie die Verbindlichkeiten, in Abstimmung noch mit Helene, nicht nachvollziehen. Trotz des nicht abgebrochenen Kontaktes, waren die Gespräche mit Marie und den Kindern von kurzer Dauer und von Distanz geprägt. Ich glaubte mit der Zeit wird sich das schon noch ändern. Der nächste Sommer könnte mit einer Einladung meiner Enkelkinder bei uns, die Annäherung wieder herstellen. Auch beschäftigte mich die erneute Auflage der Scheidung mit Marie. In Abstimmung mit ihr und dem Gericht konnte eine kurzfristige Lösung angeboten werden. Der Scheidungstermin war auf nächste Woche angelegt. Güteransprüche hatte ich nicht. Die Scheidung selbst verlief kurz und schmerzlos. Die lange Trennungszeit und der dadurch gewonnene Abstand, hinderten uns nicht oder gerade deshalb, freundschaftlich in Verbindung zu bleiben. Mir war das sehr wichtig, auch wegen meiner Kinder und Enkeln.

Unser Sohn Axel entwickelte sich prächtig. Die Weihnachtszeit war nahe dran und der Geschenke kauf voll im Gange. Ein kleiner Tannenbaum sollte das weihnachtliche Flair aufwerten. Den Heiligabend verbrachte wir in aller Bescheiden- und Besinnlichkeit. Von Ines erhielt ich einen Kalender mit selbst verfassten Illustrationen. Ich schenkte ihr eine kleine Goldkette mit Herzanhänger. Beides wurde mit einem Kuss begleitet. Nach dem Erwachen unseres Sohnematzes, nahmen wir ihn abwechselnd in unsere Arme. Anschließend stillte ihn Ines und nach dem Bäuerchen schlief er langsam wieder ein.

Noch vor Weihnachten luden wir Marie und die Kinder mit Enkeln, für den 2. Weihnachtstag nach Kühlungsborn, ein. In einem gesonderten Raum einer Gaststätte hatte ich für ein Mittagsmenü a la` karte, reserviert. Meine gesamte Familie traf gegen 10°° bei uns ein. Nach Augenschein unserer schönen Wohnung und unseres Söhnchens, überraschten mich meine Enkel. Ralf noch sehr klein schaute mich aber freundlich an aber Amelie fragte meine Tochter wer ich sei, lief dann aber auf mich zu und sagte: „nur ein Spaß Opa, natürlich weiß ich wer Du bist." Ich hob sie hoch und gab ihr ein Küsschen auf die Wange. Mir war der Zusammenhalt mit meinen Kindern sehr wichtig. Ines verstand mich und bemühte sich mit besonderer Freundlichkeit. Nachdem wir uns ein wenig vertraut gemacht hatten, forderte ich alle zum Spaziergang auf. Wir gingen eine kurze Strecke der Promenade entlang und erreichten das von mir anvisierte Lokal. Nach kurzer Abstimmung mit dem Kellner, geleitete er uns in einen schönen dekorierten, großen Raum mit U-förmig angeordneten Tischreihen. Für alle stand ein Platz bereit. Zur Einstimmung bekamen alle Erwachsenen ein Glas Sekt und Amelie einen Saft. Ich fand ein paar Worte für den Familienzusammenhalt und wünschte mein neues Familienglück möge dafür nicht hinderlich sein. Nach der Aufforderung, jeder bestelle nach der Karte auf meine Kosten, wurde die Stille durch rascheln und Gesprächsführungen, durchbrochen. Zeitnah wurde aufgetischt und ich wünschte allen einen guten Appetit. Marie unterhielt sich hauptsächlich mit Sophie und da mir die Blicke zu mir nicht entgingen, wusste ich welches Thema behandelt wurde. Maik hat sich mit seiner Frau wieder versöhnt und beide machten auch einen zufriedenen Eindruck.

Ines verabschiedete sich und ging mit Axel im Kinderwagen nach Hause. Der kleine Knirps war noch nicht für einen längeren, außerhalb gelegenen Aufenthalt, geschaffen. Maik verriet mir noch, dass er mich verstehen kann. „Letztendlich hat Ines sich ja für Dich entschieden", sagte er zu mir. Die Tafelrunde nahm ihr Ende und nach der Bezahlung trafen wir uns noch einmal vor unserer Haustür. Hier standen die Autos und zum Abschied verabschiedete ich alle mit einer herzlichen Umarmung und wünschte eine gute Heimfahrt. In der Wohnung nahm ich Ines in die Arme, gab ihr einen Kuss. Und sagte; „Ich bin froh, den Kontakt zu meiner alten Familie etwas aufgebessert zu haben. Du liebe Ines hast eigentlich, außer uns, niemanden mehr. Vieleicht ist hin und wieder ja mal eine Abwechslung, mit meinen Kindern und Enkeln, willkommen. Was denkst Du"? „Ja Liebster, ich verstehe Dich, die meiste Zeit verbringe ich ja doch mit Dir", äußerte Ines und hielt ihren Mund zum Kuss bereit.

Nachwort:

Diese Geschichte ist zwar frei erfunden, aber trotzdem der Wirklichkeit sehr nah. Einzelne Passagen, wie hier beschrieben, wurden durch Erlebnisberichte von Verwandten, Freunden und Bekannten unterstützt. Wie viele Ehen oder Beziehungen zwischen markanten, weltgewandten und erfahrenen älteren Herren und sehr jungen Frauen es gibt, muss man nicht lange recherchieren. So eine Beziehung kann durchaus harmonisch sein, sollte aber die Ausnahme bleiben.

Printed by Books on Demand GmbH, Norderstedt / Germany